中国地质大学（武汉）本科教学工程项目
中国地质大学（武汉）马克思主义理论研究与学科建设计划重点项目　联合资助

蝶变
——中国地质大学（武汉）优秀学生事迹合集

主　编　邬海峰
副主编　朱　继　高艳丽　崔　鹏　王　渊
　　　　程　旬　熊　程　姚　琳

中国地质大学出版社
ZHONGGUO DIZHI DAXUE CHUBANSHE

图书在版编目(CIP)数据

蝶变:中国地质大学(武汉)优秀学生事迹合集/邬海峰主编;朱继等副主编. —武汉:中国地质大学出版社,2024.8.—ISBN 978-7-5625-5884-2

Ⅰ.K828.4

中国国家版本馆 CIP 数据核字第 2024CC9800 号

蝶变——中国地质大学(武汉)优秀学生事迹合集	邬海峰 主编

责任编辑:张　林	选题策划:陈　琪	责任校对:徐蕾蕾

出版发行:中国地质大学出版社(武汉市洪山区鲁磨路388号)	邮编:430074
电　话:(027)67883511　传　真:(027)67883580	E-mail:cbb@cug.edu.cn
经　销:全国新华书店	http://cugp.cug.edu.cn

开本:787 毫米×1092 毫米　1/16	字数:320 千字	印张:12.5
版次:2024 年 8 月第 1 版	印次:2024 年 8 月第 1 次印刷	
印刷:武汉市籍缘印刷厂		
ISBN 978-7-5625-5884-2		定价:48.00 元

如有印装质量问题请与印刷厂联系调换

目录

心之所向　以梦为马
——记经济管理学院 2013 级本科生吴汉芸　/1

珍惜当下　不负好时光
——记机械与电子信息学院 2014 级本科生周月红　/4

念念不忘　必有回响
——记机械与电子信息学院 2014 级本科生李溪媛　/8

时光不语　静待花开
——记机械与电子信息学院 2014 级本科生王慧娇　/10

生以啜芳华　行而沐春光
——记信息工程学院* 2014 级本科生周俊雄　/14

腹有诗书气自华　读书万卷始通神
——记地球物理与空间信息学院 2012 级本科生赵之若　/17

谨精于内　广博于外
——记李四光学院 2014 级本科生王锴　/20

无惧挑战　追求梦想
——记计算机学院 2015 级本科生林椿珉　/24

态度决定高度　习惯主宰人生
——记资源学院 2013 级本科生丁晓楠　/27

严于律己　勤学好问
——记信息工程学院 2013 级本科生王宇蝶　/30

不喧哗　自有声
——记信息工程学院 2013 级本科生叶梦琪　/33

* 信息工程学院于 2019 年 12 月更名为地理与信息工程学院。

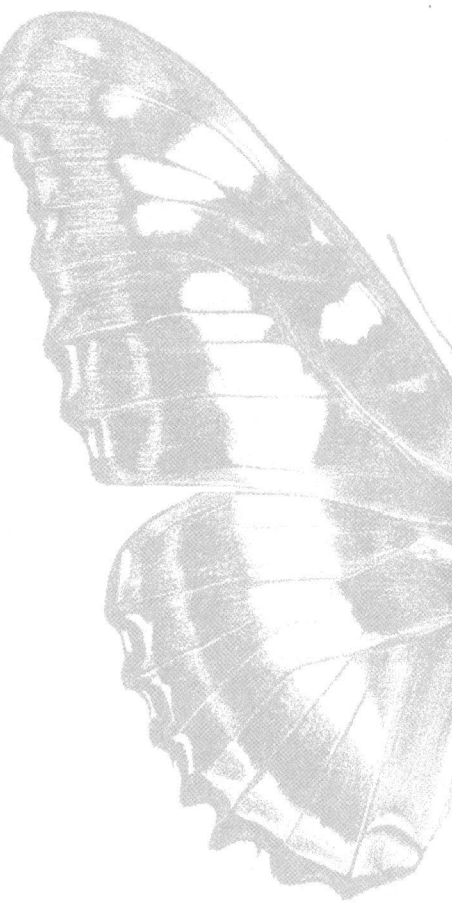

· I ·

为选择而坚持　为未来而奋斗
——记机械与电子信息学院2014级本科生刘娟町　/36

不骄不躁　不卑不亢
——记机械与电子信息学院2014级本科生万欣　/39

智者不惑　勇者不惧
——记外国语学院2013级本科生董一雯　/42

过好每一天　走好每一步
——记外国语学院2013级本科生武曼婷　/45

志存高远　放飞梦想
——记机械与电子信息学院2013级本科生鲍金宇　/48

自低谷而来　攀往最高处
——记环境学院2013级本科生姚炜钰　/51

目标明确　奔跑不止
——记地球物理与空间信息学院2015级本科生陆威帆　/55

脚踏实地　才能仰望星空
——记环境学院2014级本科生曹乾安东　/58

不惧挑战　百炼成钢
——记资源学院2013级本科生王君如　/61

如果热爱一件事　那就把它做到极致
——记计算机学院2013级本科生詹才韬　/64

理想和远方　坚持才能到达
——记环境学院2013级本科生李伟洁　/67

团队齐心　其利断金
——记学霸寝室　/70

矢志不渝　一往无前
——记机械与电子信息学院2013级本科生林可　/73

以梦为马　不负韶华
——记机械与电子信息学院2013级本科生周子豪　/77

坚持源于热爱
　　——记地球科学学院 2013 级本科生周辰傲　/80

谦逊学习　创精彩人生
　　——记信息工程学院 2015 级本科生陈鼎元　/83

书山有路勤为径　学海无涯苦作舟
　　——记地球物理与空间信息学院 2014 级本科生王康　/86

心怀凌云志　少年意昭昭
　　——记经济管理学院 2014 级本科生李鑫航　/89

不断超越　遇见更好的自己
　　——记艺术与传媒学院 2015 级本科生邱犇　/92

宁静致远　掸衣故清辉
　　——记经济管理学院 2014 级本科生徐梦峣　/95

朝乾夕惕　笃志好学
　　——记经济管理学院 2014 级本科生罗杨　/98

梦想种在心上　开出新的芬芳
　　——记经济管理学院 2014 级本科生陈惠琴　/100

既然选择了远方　便只顾风雨兼程
　　——记经济管理学院 2014 级本科生陈卓　/103

成功的另一种姿态　谦虚务实　委婉儒雅
　　——记经济管理学院 2014 级本科生崔亚乐　/107

雯箫袅袅梅花落　涛嶂千重银汉横
　　——记信息工程学院 2015 级本科生范雯　/110

不忘初心　方得始终
　　——记环境学院 2015 级本科生曾佳敏　/113

生命因爱而火热
　　——记地球物理与空间信息学院 2014 级本科生胡楚笛　/115

成功永远属于奋斗者
　　——记艺术与传媒学院 2016 级本科生房雯璐　/117

自信是成功的基石
　　——记马克思主义学院 2016 级本科生蔡薛文　/120

努力是人生最好的态度
　　——记珠宝学院 2015 级本科生马垠策　/123

彰显榜样力量　不负青春梦想
　　——记马克思主义学院 2015 级本科生罗悦　/126

点燃兴趣的火花　照亮成功的道路
　　——记工程学院 2015 级本科生张莉　/129

乐忧以天下　奋斗定成败
　　——记工程学院 2015 级本科生钟鹏　/132

知之愈明　行之愈笃
　　——记地球科学学院 2016 级本科生姜昕　/135

因为热爱　所以坚持
　　——记信息工程学院 2016 级本科生刘天宇　/138

在实验中找到"真爱"
　　——记工程学院 2015 级本科生王曙光　/141

舞一曲灿烂青春
　　——记珠宝学院 2016 级本科生杨梓涓　/143

勇于尝试　收获精彩
　　——记地球科学学院 2015 级本科生王欣楚　/146

探索创新　越崇山峻岭
　　——记计算机学院 2015 级本科生郭瑾仪　/149

勤奋求知　铸就不悔青春
　　——记资源学院 2014 级博士研究生吴亚飞　/151

风过不倒　临雪不折
　　——记地质过程与矿产资源国家重点实验室 2015 级博士研究生王向东　/155

返璞归真　在奉献中实现价值
　　——记经济管理学院 2016 级本科生穆巴拉科·亚尔买买提　/158

学问勤中得
——记外国语学院 2016 级本科生梁听雪 /161

论成为学霸的 100 种招式
——记李四光学院 2016 级本科生邓昊 /164

锐意创新　长远发展
——记第十六届"挑战杯"全国大学生课外学术科技作品竞赛决赛二等奖获奖团队 /167

三年磨一剑　点滴见成效
——记经济管理学院 2017 级本科生王路 /172

适合自己的才是最好的
——记数学与物理学院 2017 级本科生袁振宇 /175

坚守初衷　为梦奔赴
——记李四光学院遥感科学与技术专业 2017 级本科生胡泊 /178

心怀浩瀚　逐光而行
——记公共管理学院 2017 级本科生何子耕 /181

百尺竿头需进步　十方世界是全身
——记经济管理学院 2017 级本科生张子琛 /184

不爱钓鱼的摄影者　不是好的电子设计人
——记自动化学院 2017 级本科生柯帅 /187

坚持方显刻苦　追逐始得梦圆
——记外国语学院 2017 级本科生高雅 /190

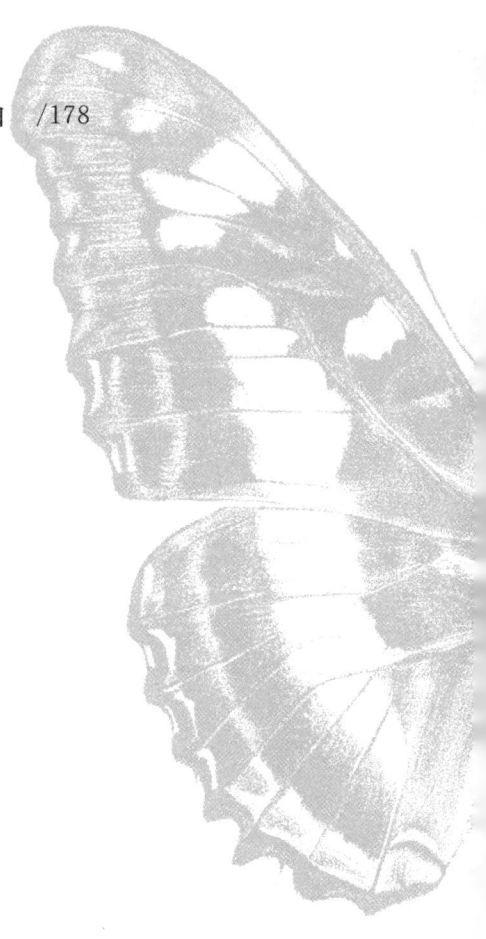

心之所向 以梦为马
——记经济管理学院 2013 级本科生吴汉芸

◆ 吴汉芸

吴汉芸，经济管理学院信息管理与信息系统专业 2013 级本科生。平均学分绩点 4.01，学分绩点和推荐免试研究生排名均位列专业第一。入选中国地质大学（武汉）第八期"李四光计划"。荣获 2013—2014 年国家奖学金、2014—2015 年中国地质大学（武汉）英才奖学金院士奖学金。被评为 2013—2014 年校级优秀学生标兵和 2014—2015 年校级优秀学生。入学以来一直担任 086132 班副班长，由于工作认真负责，连续两年被评为校级优秀共青团干部。获得美国大学生数学建模竞赛三等奖、中国地质大学（武汉）第十一届"求实杯"信息调研大赛二等奖、"清江野渔杯"湖北省大学生营销策划挑战赛校级三等奖、"无极道杯"第二届"互联网+"大学生创新创业大赛校赛优胜奖、第五届旅游产品设计大赛优秀奖等奖项。成功获批 2015 年国家级大学生创新创业训练计划项目，并在经济管理学院学术领航工程终期答辩中，获得个人第一的成绩，同时被评为优秀个人，她所在的科研团队被评为优秀团队。

心之所向，以梦为马。大学是一个可以为梦想插上翅膀的地方，总有那么一群人，他们心怀梦想，坚守信念，在青春花季里一直努力奋斗着。

在美好的大学时光里，吴汉芸不停地奔跑，不断地迎接挑战，拿下一个又一个大赛奖项，证明了自己，离梦想越来越近。

保持好奇心，充分利用资源

弗朗西斯·培根曾说：知识是一种快乐，而好奇则是知识的萌芽。

吴汉芸说，作为一名大学生，学好知识，一定要熟悉各种信息检索的方式，充分利用各种资源。在学习过程中，遇到实在不理解的知识点或理论，除了向老师求教，还可以查阅相关的网络资料。重要的是保持一颗好奇心，培养学习兴趣，点燃学习热情。每弄清一个知识点，就像解出一道数学题，这种成就感是不言而喻的。

自主学习，勤于思考

"我从来不觉得自己是一个学霸，更不觉得自己是一个很聪明的人，但我觉得自己是一个很努力的人。"吴汉芸说道。其实在大学学习中最重要的莫过于自学能力和独立思考能力，要以学以致用为出发点，而不是纠结如何获得高分。大学教学的作用就像一本书的导读，我们可以从总的概括中知道哪些东西值得研究和思考，找到属于自己的兴趣点，通过自学，独立思考问题，掌握一门课程的精髓。

参与讨论，善于交流

交流也是一种学习。

吴汉芸一直将"当你把学到的知识讲解给别人听，让别人也懂了，这就表明你真正掌握了"铭记于心。在与人讨论和交流的过程中，不仅可以加深自身对知识的掌握，还可以了解他人不同的观点。讨论是一种深化知识的过程，知识经过反刍、消化，真正成为供给营养的能量。

提前规划，不留遗憾

吴汉芸说最遗憾的事不是"我做不到"，而是"我本可以做到"。"提前规划"是避免"遗憾"的最好办法,也是实现目标最有效的方法。提前规划自己的学习生活,然后把大目标转换成小目标,一步一个脚印地实现它们。

真正努力的人,也许看起来并没有那么勤奋,因为他们从不期待经过短期努力就能即刻拥有巨大的回报。他们选择了一个正确的方向,心中有远大的志向,以专注和热情持续地浇灌梦想,完成自己的小目标,享受着当下的生活。所有的努力,都不是给别人看的,而是为了实现自己内心真正的追求。这些有价值的努力,也一点一滴直达他们的内心,变成了他们真正的能力。

耀眼的光环始终离不开流过的汗水,若想站上巅峰,唯有不断拼搏,不留遗憾,苦和累都不过是暂时的。

=珍惜当下　不负好时光=
——记机械与电子信息学院2014级本科生周月红

周月红,机械与电子信息学院(以下简称机电学院)电子信息工程专业2014级本科生,同时也是机电学院2014级唯一的女国防生。大学两年的平均学分绩点为3.55。荣获2014—2015年和2015—2016年国家励志奖学金。被评为校级优秀学生标兵、校级优秀共青团员、院级优秀学生、院级优秀学习个人、科技创新优秀个人、国防生学习标兵。获得中国地质大学(武汉)机器人大赛二等奖、院金秋诗会三等奖和院学生骨干综合素质大赛二等奖。担任校志愿者协会成员、班级团支书、国防生文体部副部长、校主持人社秘书部副部长。

◆周月红

明眸皓齿,蕙质兰心,巧笑倩兮。多少次烈日下的奔跑,多少次寒夜里的训练,穿过那条333米长的隧道,她在大学的殿堂里徜徉。巾帼不让须眉的周月红,在她的世界里活得认真而张扬,成为她最想成为的那个自己。

书山有路勤为径

"人之所贵在于思,人之所能在于行"。学习是改变一切的动力,是攀登知识高峰的阶梯。对于学习,每个人都会有不同的理解,理解的程度也不尽相同。有的人学习是为了考试，有的人则是为了享受学习过程。

周月红谦虚地说她并不是一个聪明的人，也没有高超的迎考技巧。大一刚进校时，她感到茫然无知，于是努力适应大学生活并快速找到一套属于自己的学习方法。学习能提升和增强个人能力，为以后的工作和生活打牢基础。她认为学习最重要的就是勤奋，要勤于思考、学会提问，在学习中遇到不懂的问题时，一定要积极地寻找答案。

学海无涯苦作舟

"学而不思则罔，思而不学则殆"。上课认真听讲和课后认真复习固然重要，但更重要的是对知识进行归纳整理。大学课堂的知识容量很大，如果没有系统地归纳，就会一边学一边忘。周月红说，学思结合是提升学习能力的有效方法，在学习中，一定不能怕吃苦，而要勇于克服眼前的困苦。只有做到学思结合，才能学以致用。

"敏而好学，不耻下问"。为了提高成绩，周月红积极向身边优秀的同学学习。通过努力，她的成绩也开始一点点提高。正如旅行的意义不在于目的地，而在于欣赏沿途的风景。她觉得，学习的意义不在于能取得多高的分数，而在于通过努力，能力得到提高。

只要努力，没有做不到的事

学习上勤奋努力的周月红，不只是成绩优秀，作为机电学院2014级唯一的女国防生，她在体能方面，同样对自己有严格的要求。她一直对自己的体能状况不满意。周月红说："每次出操我都会掉队，我感到很愧疚。"虽然男生与女生相比有先天的身体优势，但是她不想让这个理由成为自己落后的借口。

刚开始训练时，每次的3000米测试她都无法及格，次次出操都被男生远远甩在身后，为此她开始有计划地练习。每周的体能操她从不缺席，坚持跑完才肯回去，不出操的晚上她会在学校小操场加练。她说："既然没有先天的体能优势，那就通过勤奋来弥补。"每一次训练她都挥汗如雨，却从不曾放弃。经过长期的坚持，她的体能测试及格了，有时还能达到全优。她说："只要努力，没有做不到的事。"随之，运动成为她的习惯，以前跑步是为了体能训练过关，现在是为了拥有更好的身体素质。这段宝贵的人生经历让她养成了锻炼身体的好习惯，她觉得身体才是革命的本钱，大学生一定要锻炼好自己的身体！

生活越充实，我就觉得越开心

劳逸结合，该学习的时候努力学习，该训练的时候认真训练，而该休息的时候，周月红也会把自己的课余生活安排得丰富多彩。

大一的时候，周月红报名加入志愿者协会，经常跟着团队一起做志愿活动。予人玫瑰，手有余香。她说，能帮助别人是一件很开心的事。后来，她又加入了国防生的文体部，获得了很多管理人员和开展活动的经验。她第一次登上舞台演唱就是在国防生的毕业晚会上。当时她除了要排练自己的节目，还要负责安排其他节目的进程。尽管很忙碌，但是她觉得很值得。

为了更好地实现自己的舞台梦，她还加入了校主持人社。周月红觉得，在主持人社，她不仅锻炼了社交能力，还提高了表演能力。在校级迎新晚会、校级五四颁奖晚会上，都有她忙碌的身影。每一次排练的辛苦，都会被演出成功的喜悦一扫而空。

除了这些，她还积极参加学院组织的各类活动及竞赛等。周月红觉得，参加活动并不是为了得奖，而是在这个过程中能学到很多知识，认识很多有趣的人，这就是一种收获。她说："生活越充实，我就觉得越开心，因为没空去想不开心的事。"她还特别喜欢旅游，只要放长假，她都会出去走走，开阔视野。

奋斗不止，未来可期

生活充满了未知，周月红用她的努力和乐观诠释了大学生精神。虽然经常会觉得累，会碰到各种麻烦的问题，但身边总会有一群关心她、爱护她的朋友，在背后默默地帮助她、鼓励她。周月红表示，她还有很多未完成的梦想，这是她前进的动力。今后她会一如既往地奋斗，用自己的努力换取更美好的明天！

=念念不忘　必有回响=
——记机械与电子信息学院2014级本科生李溪媛

李溪媛，机械与电子信息学院工业设计专业2014级本科生。大二平均学分绩点3.78，大一、大二两年学分绩点排名均为专业第一。荣获2015—2016年国家奖学金。获评校级优秀学生标兵、院级优秀学生、院级优秀学习个人、校级优秀文艺骨干、中国地质大学英才奖学金艺术之星等。

◆ 李溪媛

学习中的她：勤奋与方法并用

李溪媛认为，大学的学习重点在课上，功夫在课下。工业设计不仅需要大量的数学、物理知识作为支撑，还要求学生学会随着社会需求的变化不断创新。大学课堂上一节课的知识量很大，需要课后投入大量的时间去巩固。从大一开始，她便常去图书馆自习及查阅与专业相关的资料，并在这一过程中总结出了适合自己的学习方法。她强调学习不应只注重埋头苦学，更要学会方法。

生活中的她：内外兼修塑造冰魂素魄

"勇于尝试，让自己的人生多元多彩"是李溪媛对大学生活的期许。本着提升个人气质的想法，大一时她加入了模特队。两年的T台时光把她从一个懵懂稚嫩的小学妹变成了稳重大气的学姐，与气质一同提升的还有交际能力、管理能力。她始终坚持每天六点起床参加早训，风雨无阻。那段时光不仅改变了她的形象气质，还充盈了她的内心，让她变得坚韧而优雅。她不断追寻自己的兴趣，加入机器人协会并担任副会长，努力使她的人生更加出彩。

李溪媛坚持每周读一本书，从古今名著到专业书籍均有涉猎。在她的眼中，读书不仅是为了学习专业知识，更是为了使自己拥有广阔的文化视野，培养综合素质。

除了读书，看电影便是她的另一种消遣方式。谈到电影，她说《美丽人生》与《时尚女魔头》这两部剧情片是她的最爱。《美丽人生》让她感受到了在战争与残暴的纳粹统治下父爱的光辉与伟大，而《时尚女魔头》则用一个女性蜕变的职场故事激励着她去勇敢追求自己的理想。

凡事多思量

古人云：吾日三省吾身。自我反思，是不断进步的重要方式。李溪媛喜欢在处理完一件事后多思量，发现不足之处并改进。世人大多终日忙忙碌碌，回头时，却发现并没有多少收获，内心也从未充实过。她认为，在这个浮躁的社会我们尤其需要自省。一个人在反思的过程中，才会知道自己哪里做得不好，从而约束自己的行为，抵制外界的不良诱因，把自我约束的行为内化为自我修养的信念，促进自我约束能力的形成与提高。

如人饮水，冷暖自知。念念不忘，必有回响。

每一份坚持都带着痛苦和收获，找到值得坚持的，并坚持下去，人生一定大有不同。

=时光不语　静待花开=
——记机械与电子信息学院 2014 级本科生王慧娇

王慧娇，机械与电子信息学院电子信息工程专业 2014 级本科生。平均学分绩点 3.93。荣获 2014—2015 年国家励志奖学金。获得校级优秀学生标兵及机电学院优秀学生称号，连续四次获评院级优秀学习个人，还获得中国地质大学（武汉）第十二届机器人大赛初级组优秀奖、中国地质大学（武汉）大学生电子设计竞赛二等奖、机电学院"电信杯"电子设计竞赛一等奖、北一学园"安全建设书画摄影展"三等奖。2015—2016 年，获得湖北省大学生电子设计竞赛（TI 杯）三等奖、机电学院第一届学生骨干大赛三等奖，并获评"机电十大影响力""百名好班长"等称号。

◆ 王慧娇

学习——脚踏实地，勇敢前行

从入学到现在，王慧娇多次聆听优秀学长学姐的事迹，诸如保送名校、拿到大公司的录取通知、实现月薪过万等，这一切激励着王慧娇向他们看齐。

也许，你眼中的学霸总是学得那么轻松，仿佛你的问题都能在他们那儿得到答案。但是又有谁知道他们在无人的角落里付出了多少呢？没有人学起来是毫不费力的，但是，技巧肯定是有的。王慧娇向我们分享了她的学习技巧。

首先，树立明确的目标，逐步细化。许多人不是没有执行力，而是不知道具体应该怎么做。王楚娇初入大学时就已经定下了保研的目标，之后便收集各类关于保研的信息，问老师，问学长学姐，查询资料。然后便每年定下一个大目标，再将大目标分解成学期目标、月目标、周目标。一条找不到方向的船很难找到其目的地，同样，一个没有目标的人，也很难达到他所希冀的高度。

其次，制订计划。制订合理的、可运行一定时间的，并且有一定"弹性"的计划是很有必要的。弹性，顾名思义就是可收缩的。俗话说：计划赶不上变化，当计划被突发事件打乱时，必须有额外的空间、时间来弥补进度。这样的计划想必是极好的。在明确目标的前提下，制订执行性强的计划就已经成功了一半，另外的一半，当然是执行了。而与执行力联系最紧密的，她认为是欲望，欲望有多大，执行力就有多强。毅力、坚韧，其实也是一种信念。

最后，认真执行验收和奖惩制度。通过验收，检验效果，反思，去粗取精。而奖惩是根据做得好坏来进行奖励或是惩罚。

有人说，想要得到一样东西，最好的方法就是让自己配得上它。王慧娇说："我用汗水和泪水不断推动自己靠近我的理想。我相信，当我强大到可以配得上它时，成功的大门必会为我洞开。"

实践——克服畏惧，持之以恒

在一所学术氛围浓厚的大学里，不仅要注重学术能力的提高，还要注重创新思维的培养，不但要掌握和积累专业知识，还应培养实践与创新能力。

作为一名工科生，动手实践能力是学习的重中之重。大二时王慧娇便制订了一年的实践计划，从院级"电信杯"到校级电子设计竞赛再到需要培训四个月之久的省级大学生电子设计竞赛（TI杯），她一步一步地提高自己的动手能力。

她说，周末早晨八点的早餐，晚上十点的电梯，凌晨一点的隧道，一切都那么熟悉。每次从实验室出来几乎都在经历绝望，然而第二天还是兴致勃勃地继续经历绝望。因为她知道，没有流过血的手指怎能弹出世间的绝响？皇天不负有心人，最终王慧娇所在团队在湖北省大学生电子设计竞赛（TI杯）

四天三夜的角逐中拿到了三等奖。她认为除了动手能力得到提高，培训期间收获的友情以及这段经历都是她大学期间最美好的回忆。

工作——责任到人，合作共赢

一滴水只有流进大海才永远不会干涸，一个人只有融入集体才会最有力量。

2015 年 9 月，班委换届，担任学习委员的王慧娇被推选为班长。职位越高，责任越大。刚接过这个担子时她心中很是紧张，但经过半年的适应，她对班长一职也有了自己的认识。责任到人，分工合作，作为班长，她除了亲力亲为，还做到统筹兼顾，保证各项事务顺利进行。在担任学生干部期间，她取得过成绩，也出现过失误，但是每次都在老师和同学的信任与支持下，重新获得了坚持下去的信心和勇气。

2016 年 5 月，在校级"五四红旗团支部"评选以及机电学院优秀班集体评选中，王慧娇所在班级乘风破浪，突出重围，分别获得了校级"五四红旗团支部"和机电学院优秀班集体的荣誉称号，在机电学院文明班集体的评选中他们班凭借良好的出操和课堂出勤记录取得第一名好的成绩。

王慧娇说："担任学生干部期间，在服务同学的同时我也非常注重培养自己统筹安排和组织管理的能力，社交能力也得到了极大的提高，并且积累了大量的工作和实践经验，这些都将成为我终身受用的宝贵财富。"

爱好——心灵氧吧，充电续航

王慧娇用兴趣爱好装点自己的美好生活。在如此繁忙的学习工作之余，她习惯于挤出时间为自己的心灵留白。看书、画画、听歌、打球，她沉浸其中时，幸福感油然而生。对她来说，能够不时地放下梦想，享受片刻的宁静是她最好的充电方式。想在繁忙之中保持高效，最有效的方式莫过于学会休息。如何保持一杯水不从手中洒落？就是左手换右手，间断休息。

大学期间，是一个人充电的最好阶段，在这里，发掘潜能，发掘所热爱并愿意终生从事的事业，然后为之努力。王慧娇说："我会脚踏实地，默默前行，用汗水去征服现实，创造一个明媚的明天。前行路上，一路花开。"

时光不语，静待花开。相信不远的明天，经过我们的不懈努力，终将会成长为我们当初希望的样子。

生以啜芳华　行而沐春光
——记信息工程学院2014级本科生周俊雄

周俊雄，信息工程学院遥感科学与技术专业2014级本科生。平均学分绩点3.94，专业第一。荣获2014—2015年国家励志奖学金，2015—2016年国家奖学金。获第九届"中海达杯"测绘技能大赛二等奖、2016Esri杯中国大学生GIS软件开发竞赛C组优胜奖等奖项。成功获批国家级大学生创新创业训练计划项

◆ 周俊雄

目和学院产学研项目。大二上学期他担任113141班学习委员，大三上学期担任信息工程学院党建办公室党员教育部副部长。他工作认真负责，连续两年被评为校级优秀共青团员。

"人是为了活着本身而活着，而不是为了活着之外的任何事物所活着。"对余华的《活着》里面的这句话，周俊雄的理解是做事应该简简单单，没有别的目的，就是为了做事而做事，这样才算最有意义。就像学习，应该为了学习本身而学习，而不是为了学习之外的任何事物而学习。或许，正是这种对学习简单而纯粹的认识才使他成为群星之中耀眼的一颗。

冰冻三尺，非一日之寒

周俊雄说："我不是一个聪明的人，我只是多付出了一点努力"。大一时，他通过与学长交流和自己查阅资料，认识到基础课非常重要，如"高等数学"和编程语言类课程，作为理工科的学生一定要扎实地掌握。他上课认真听讲，

紧跟老师的节奏，课间及时向老师请教没听懂的知识点，争取上一节课就能掌握一节课的内容。同时课后及时巩固，写代码、刷题。他说，因为以前从来没有接触过，所以当时学起来非常吃力，特别是编程语言，上手很困难，但他仍旧坚持自己独立完成老师布置的每一个小程序。

如果编程技术不好，那就坚持每天写一段小程序；如果高等数学的成绩不理想，那就坚持每天多做两道题。这样每天进步一点，时间久了，就会发现自己已向前迈进了一大步。经过一学期的努力，周俊雄已能很好地掌握编程语言，并在课程设计和"高等数学"的考试中取得优异的成绩。

纸上得来终觉浅

任何事情都要亲身实践，不断学习、行动和反思，才能弄懂其中的道理。实践出真知，实践，也是创造的原动力。

专业知识的学习，只停留在课本上是远远不够的。对于遥感科学与技术专业的周俊雄来说，参加科研、竞赛活动是他加深对知识的理解、提升自我的重要途径。大一下学期他参加了大学生基础科研训练计划项目，大二上学期他在校物理竞赛中获得二等奖。在第九届"中海达杯"测绘技能大赛中，他把从课堂上学到的测绘知识运用到竞赛中，与三名队友一起努力，取得了二等奖的好成绩。周俊雄还参加了2016Esri杯中国大学生GIS软件开发竞赛，历时三个月，他所在团队从策划选题到开发出完整的系统并提交，经历了许多困难，但他们都一一克服，这段从没有任何经验到最后开发出完整系统的经历对他来说是极为宝贵的。

参加竞赛之前，他对系统开发还停留在很浅显的认知阶段。对老师课上传授的理论知识也还停留在理解层面，并不清楚具体实践过程中会出现哪些问题。但当他参与了整个系统的开发工作，了解了每一个细节会碰到的具体问题后，他觉得个人能力得到了非常大的提升。他认为，参与这些活动，能把课堂上学到的知识用于实际，理论与实践相结合，对知识的理解会上升到一个新的高度。

千磨万击还坚劲

天才不是天生的，学霸也不是一日养成的。在追求知识真理的道路上，没有谁不会碰壁，只是我们眼中的学霸比我们多了点耐心和坚韧。

周俊雄告诉我们，他报名参加2016Esri杯中国大学生GIS软件开发竞赛后，花了两个月的时间积累基础知识。因为自己不是GIS专业的学生，所以在这方面会投入更多的时间。他多次与队友和学院指导老师商量作品主题。到了暑假，周俊雄与队友申请留在学校进行开发，开发过程中他们确实碰到了许多困难，如八月中旬时他们发现团队作品主题有点偏离大赛要求，这在当时对他们而言是致命的打击，特别是身为负责人的他，觉得自己应负主要责任。同时他看到身边很多报名参加比赛的同学，因各种原因中途放弃了比赛，这让他的思想一度动摇起来。但是在队友的鼓励和老师的支持下，他们最终决定坚持完成比赛作品。既然离预期的结果有很大的差距，那就好好享受比赛的过程。他们最后在九月提交了作品，虽然只得到了优胜奖，但他们认为这也算是比赛组委会对他们作品的一种肯定。而且，他们对GIS有了更深入的了解，编程能力也得到了显著的提高，收获了属于自己的那一份成果，所有的付出都是值得的。

乘风破浪会有时

生活在这个日新月异的时代，最可怕的不是没有能力，而是没有上进心。能力可以通过学习和工作来积累，但若没有一颗上进的心，就会颓废、迷失，每日无所事事。朝气蓬勃的我们在最好的时光里，应坚持努力，积极上进，为实现自己的理想而不懈奋斗。

=腹有诗书气自华　读书万卷始通神=
——记地球物理与空间信息学院 2012 级本科生赵之若

◆ 赵之若

赵之若，地球物理与空间信息学院（以下简称地空学院）地球信息科学与技术专业 2012 级本科生。平均学分绩点 3.7，综合测评专业第一。荣获 2015—2016 年国家奖学金。2015—2016 年校级优秀学生标兵、2016 年优秀共青团员。入选中国地质大学（武汉）第十期"李四光计划"。获地空学院"时事我来评"学生党员评论大赛第一名、地空学院"两学一做"专题知识竞赛二等奖、科技论文报告会院级三等奖、地空学院 2015 级"新生杯"辩论赛冠军、2016 年"辩协杯"辩论赛最佳辩手，担任地空学院辩论队队长。主持校级课题"基于稀疏表示的多源遥感影像时空融合方法研究"，获批大学生基础科研训练计划项目。她还是中国地质大学逸夫博物馆中英文讲解员。

漫卷诗书览天下

之若，之若，甘之若饴，安之若素。

赵之若，初见便有与名字相衬的气质，应了那句古语"腹有诗书气自华"。徜徉在文字里，跨越时间的界限，穿过空间的壁垒，灵魂脱离了沉重的皮囊，轻盈起舞。赵之若很爱读书，她有着深厚的文学功底和文化底蕴，是同学和老师公认的"笔杆子""才女"。闲暇时，她喜欢逛书店。她说，每一家书店有每一家书店的故事。除了去大型书店购买专业书籍资料，她也爱去那些独立书店，那里更有着偷得浮生半日闲的乐趣。不论是在猫的天空之城里喝一杯温暖的茶，读一读川端康成淡淡的文字，还是跨过长江，去卓尔书店彻夜读书到晨光熹微，又或是去403国际艺术中心阅读加缪的作品，然后看一场直击内心的话剧……甚至只是在嘈杂的寝室里，坐下来，戴上耳机听读几行手中书页上的诗。

生活不止眼前的苟且还有诗和远方，生活在她眼中变得美好且富有诗意。

志存高远不虚妄

赵之若的思想是超前的。初入大学，就学习掌握了文献检索与信息分析技术，充分利用学校图书馆购买的数据资源，在CNKI、Web of Knowledge上查阅与专业相关的论文和资料，关注和了解与专业相关学科的前沿动态。这也为她之后开展科研工作打下了坚实的基础。浩如烟海的资料书籍，五花八门的实践活动，名家云集的讲座论坛……这些丰富的资源就像一座座宝山，但是如果不伸手，这些珍宝也自然不会自动落入口袋。赵之若说，刚开始自己确实像那位脖子上套大饼，却活活饿死的仁兄——早就向往有大牛坐而论道的震旦讲坛，却习惯性地等待着老师、班委的通知和提醒，没有主动地从公众号等平台关注和搜集讲座信息，错过了精彩的报告，最后只能扼腕叹息。从那以后，她总是积极地从不同的渠道获取信息，主动地与有经验的学长学姐交流，抓住机会请老师答疑解惑。她甚至跨专业、跨年级蹭课，开阔自己的视野，学会了平衡社团任务与学习研究之间的关系，在工作与学习中游刃有余……

纸上得来终觉浅，绝知此事要躬行

她说，我们书读得不少，道理和方法懂得也多，说起来头头是道，但做起来远比我们想象的艰难。没有经历过的事情，我们是不能轻易评价和想当然的。不论是学习上，还是生活中，都是这样。她说要努力抓住每一次实践的机会，不断充盈自我，不断让梦想朝现实靠近。只有脚踏实地才能感受到呼吸和存在。在说到未来的自己时，赵之若这样说："时光温柔了眉梢，岁月清澈了眼角；淡淡的书卷气，如一杯让人唇齿留香的清茶，又似一坛甘醇的女儿红；初心不改，激情犹在。"

=谨精于内　广博于外=
——记李四光学院 2014 级本科生王锴

王锴，李四光学院地球科学菁英班地球物理专业 2014 级本科生。学分绩点 3.83，专业排名第三，大一学年综合测评专业第一。获评校入党积极分子培训班优秀学员、"科技创新"起航训练营优秀营员，获中国地质大学（武汉）机器人大赛优秀奖、全国第八届大学生舞龙舞狮锦标赛团体第三名。

◆ 王锴

新的起点，选择好自己的位置

接到大学录取通知书的那一刻，王锴就告诫自己：大学是起点而非终点。他有一个远大的理想，但却不是一朝一夕就能实现的，在实现理想的道路上，可能会有许许多多的挫折，但他不断告诉自己"永不止步，为理想努力拼搏"！他深知自己的基础很薄弱，尤其是在英语学习方面很吃力，所以丝毫不敢懈怠。正所谓"笨鸟先飞"，既然自己基础差，那就要更加努力地学习。

王锴深知"赢在起跑线上"的含义。于是，在某一学科相对薄弱的时候，他就会一鼓作气向前冲，并始终努力保持着领先的位置，这样就不容易产生放弃的念头了。也正因他提早做好了规划和定位,才能取得综合测评专业第一的好成绩。

学习管理,"模块化"掌握知识

王锴说他习惯把一件事分成若干个阶段去完成,绝大多数时候这样做都颇有成效,这种分阶段的做法被他称为"模块化"学习法。这种方法是他在学习编程的过程中提炼出来的,使用该方法学习更利于知识的掌握。掌握知识的能力越强,目标与未来的相对误差就越小。

有一种算法叫作PID,简单来说就是"监测—判断分析—决策处理"。王锴觉得这是一种非常有效的学习方法。"监测"是对过去做过的事进行统计归纳,"判断分析"是本阶段处理问题的思路,而"决策处理"是对未来的掌控。立体化的学习方法,让他有一种"时间序列可视化的感觉"。

对于所学课程,他把偏重理解的划分为一类,如"高等数学""大学物理"等,这类课程主要以课堂学习为主,因为听老师的讲解比独自花费好几天时间思考更为高效。另一类是偏重记忆的,如"大学英语""岩石矿物学""普通地质学"等,需要大量时间去记忆,对于这类课程一定要学会多问几个"为什么"。如构造地质学中的"V字形法则",死记硬背十分低效,而当你在头脑中想象出一座山的时候,就自然而然地理解了那些法则定理。

学以致用,兼抓课内与课外学习

"谨精于内,广博于外"是学长送给他的八字箴言。王锴说他不提倡单纯地学习课堂知识,课程之外他还广泛涉猎了其他专业知识。宽广的知识面让他在不同的领域游刃有余,拥有更多的机会。

博闻广识的王锴,在大一刚开学的时候,就参加了学习党的十八大、十八届三中全会精神知识竞赛并取得了学院一等奖、校级优秀奖的成绩。虽然心中有些激动,但他很快抑制住激动的心情,更加专心地学习,仅仅把取得的成绩当作提升自信心的工具。他是同期李四光学院唯一获优秀学员称号的学生。

谈及学习问题，王锴强调要学以致用。他曾经和朋友一起编写过元胞自动机的 MFC 程序，以及用 *A Kind of New Science* 这本书中的一些方法编写出了程序。在实践中，他更加深刻地理解了知识的真正内涵。所以，王锴表示，一定要勤学善问，尤其要多问老师问题，但前提是你有过思考。

永不止步，为理想努力拼搏

马德曾说：你的心最好不是招摇的枝丫，而是静默的根系，深藏在地下，不为尘世的一切所蛊惑，只追求自身的简单和丰富。这是王锴非常喜欢的一句话。招摇的树枝随风挥舞，虽然能够吸引人们的眼球，但却没有牢固的根基，一旦遭遇狂风暴雨就会折断死亡；静默的根系虽然其貌不扬甚至有些丑陋，但却坚定不移、深藏不露，即使遭遇大火，仍然能够发出生命的宣言。

王锴觉得，即使面对五光十色的大千世界，也能够沉静下来的精神，正是初窥社会的大学生们所需要的。戒骄戒躁，行稳致远。

劳逸结合，培养广泛的兴趣爱好

王锴特别提倡劳逸结合，他觉得没有兴趣爱好的人是可怕的。他很喜欢看课外书，尤其喜欢看一些科幻类小说，如《三体》《达·芬奇密码》《球状闪电》。《秦时明月》和《柯南》是他非常喜欢的两部动漫。他认为，前者蕴藏了丰富的历史与文化，运用了大量的象征与借代手法，看似夸张至极，实则含义深刻；后者则锻炼了他的分析能力，从某种意义上来说，也丰富了他的认知、想象力与创造力。

古人云："好汉不提当年勇。"成功属于过去，不需要炫耀；失败也属于过去，不要对自己说"我不行"，也永远不要轻言放弃。

王锴深知自己离理想仍然很遥远，能力也还远未达到预期。但他会继续努力，拼搏进取，永不止步，用汗水浇灌青春，努力成为"品德高尚，基础厚实，专业精深，知行合一"的高素质人才，回报社会，为国家贡献出一份自己的力量！

=无惧挑战　追求梦想=
——记计算机学院 2015 级本科生林椿珉

林椿珉，计算机学院网络工程专业 2015 级本科生。大一下学期学分绩点 4.02，专业成绩排名第一，综合测评班级第一。荣获 2015—2016 年国家奖学金。入选中国地质大学（武汉）第十期"李四光计划"。获"新生杯"辩论赛二等奖，计算机学院"一二·九"长跑男子团体第二名，被评为"最美自习室身影"。通过跆拳道八级认证。

◆ 林椿珉

理想：它不会随岁月流逝而凋零

诗人郑板桥在《竹石》中这样描述竹的刚毅："千磨万击还坚劲，任尔东南西北风。"在实现理想的道路上，林椿珉就像坚韧不拔的劲竹，从不放弃，从不妥协。从小，军营梦就深深根植在他的心中，职业军人吃苦耐劳、严于律己的品质吸引了他，也让他明确了奋斗的方向，成为一名职业军人。而高考的意外让他与自己梦想的军校失之交臂，林椿珉没有放弃，而是换一种方式，继续实现自己的梦想。他在大学里努力学习，立志保研到国防科技大学，也正是这个目标激励着他不断前行。

在他看来，年轻时输得惨一点没关系，只要不怕输就还有赢的机会。挫折和苦难只会丰满羽翼，做到迎难而上的人才是真正的强者。内心足够强大，任何困难也不过是拦路的"纸老虎"。

学习：方法很简单，坚持很重要

虽然林椿珉已经成为别人眼中"学霸"，可他的大学学习经历并非一帆风顺。大学里快节奏的学习模式，繁多的专业课内容加上有限的课堂时间让刚进入大学的他烦恼不堪，但在困难面前他选择的不是退缩，而是迎难而上。他发觉高中时养成的课前预习、课后复习的习惯到了大学课堂依然十分有效。以了解知识框架主干、明确重点内容为目标的课前预习并不会耗费很多时间，却可以很大程度上解决课程内容多且繁杂这一难题。有了课前预习与课堂学习两次强化，再加上及时的课后复习，知识就可以真正内化成自己的东西。

大一时学习的"高等数学""线性代数""离散数学"等课程曾让这个数学并不十分优秀的小伙子十分苦恼。为了赶上进度，他的课余时间大多在自习室度过，一直学到保安提醒才离开。他说，勇敢地面对困难，不让最初的小问题如滚雪球般地变成棘手的难题！坚持做下去，不让一时的力不从心阻止自己前行！

生活：带着渴望不断追寻

杜伽尔曾说：生活是一种绵延不绝的渴望，渴望不断上升，变得伟大而高贵。与学习之路相比，人生之路更为漫长、充斥着更多未知的磨难。在林椿珉的心中，只有带着渴望不断追寻，才能成就更好的自己。

林椿珉喜欢骑行，曾经单人骑车到梁子岛；他热爱健身，时常在健身房大把挥洒着汗水，喜欢在MMA综合格斗与UFC无限制格斗中感受选手们强大的实力和坚韧的意志力；他热爱旅行，一望无际的青海湖与连绵不绝的祁连山脉都留下了他的脚印……

陶渊明说:"勤学如春起之苗,不见其增,日有所长。"一个人无论过去是辉煌灿烂或是黯淡无光,无论在他人眼中是成功抑或失败,这一切都会成为过往。只有那些你曾付出过心血、流淌过汗水的时光才是回首往事时心中的宝藏。往者不可谏,来者犹可追。道理再浅显易懂,不付诸实践也将终无所成,而屈服于庸庸碌碌的人生才是最可悲的。

＝态度决定高度　习惯主宰人生＝
——记资源学院 2013 级本科生丁晓楠

丁晓楠，资源学院资源勘查工程专业（油气方向）2013 级本科生。平均学分绩点 4.06，位列专业第一。荣获 2014—2015 年国家奖学金、2015—2016 年雷波兴达奖学金。在中国地质大学（武汉）第二十六届、第二十七届学生科技论文报告会（本科生专场）中分别获得二等奖和特等奖。在第五届中国石油工程知识竞赛中取得优胜奖。代表中国地质大学（武汉）SPE－CUG 学生分会赴马来西亚参加第三届 PetroBowl 亚太区知识竞赛，所在团队从众多参赛队伍中脱颖而出，入列八强。在校学生会公共关系部担任副部长一职，并连续两年被评为优秀共青团员。已成功保送至北京大学。

◆ 丁晓楠

端正态度，多做总结

学习是一个永无止境的过程，每个人对待学习都有自己的一套方法。在丁晓楠看来，态度决定一切，很多事情不是做不好而是没有用心去做。在大学学习中，她一直本着对自己负责的态度，以获取知识、充实自己为目的去学好每一门课。她说，当你所关注的焦点不仅仅是一场考试，而是更注重学科思维的培养和知识体系的建立时，就能在考试中游刃有余。

另外，在学习中一定要多总结，不断回顾所学的知识。基础课主要是做好作业的总结和纠错，专业课则更要注重框架的梳理，以及相关知识间的对比。丁晓楠所学专业要求记忆的内容特别多，但一味地背是费力不讨好的，因此她常常会先建立大体的框架，再往里面不断填充细节。复习的时候先以老师上课的PPT为主干，把重要的知识点摘录整理下来，然后再系统地看教材，填补细节的知识点，这样就能够同时兼顾大框架和小细节。同时，针对此类课程，她通常会在早、中、晚等不同的时间点多次重复记忆，再加上课堂上对知识点的理解，慢慢地就能融会贯通了。

告别拖延，合理规划

拖延症是一种明知道会影响做事的效果，却仍然自愿推迟既定事项的行为。

丁晓楠认为克服拖延的关键还是要有规划，而好的成绩也离不开合理的规划。首先根据个人规划分清事情主次，把阶段性的任务写下来；然后厘清时间节点；再把这些任务分配到每日的日常清单中，并且留出空余时间来做调整。这样做，一方面可以缓解因为事情过多而带来的压力；另一方面也可以对需要完成的任务有一个更加清晰的认知，从而完成每天的任务。当你学会分解任务，每天执行一点时，所有事情就能有条不紊地完成了。当高效地完成好任务后，也要适当放松，有效缓解学习和工作中的压力。但无论采取哪种方式放松，都一定要有节制，不能影响接下来的生活节奏。

抓住机遇，勇于挑战

机遇与挑战并存，困难和希望同在，机会只给有准备的人，今天的努力是为明天更好的发展做准备。

丁晓楠代表中国地质大学（武汉）SPE-CUG学生分会赴马来西亚参加第三届PetroBowl亚太区知识竞赛，她非常感谢学院在其本科阶段给予她这次珍贵的机会。赛前她经历了多轮校内选拔，选拔阶段的所有题目都是英文的，而且都是专业词汇，这对从未接触过专业英语的她来说是一个不小的挑战。选拔阶段恰逢学期末，很多同学都离校了，在武汉最寒冷的季节，她因为内心的不自信和想家的情绪，一度想过放弃。但她不断告诉自己，如果不去尝试，成功的概率为零。最后她克服种种困难，积极参加赛前集训并成功参赛。由于他们是以团队的形式参赛，并且团队内还有两名留学生，这使团队的协作能力受到极大考验。从初期题目的整理到后期的模拟训练，都需要团队成员明确分工、高效执行，既要保证团队整体的进度又要确保每个人的任务达标。经过不断地磨合，丁晓楠及团队成员团结一致，配合默契，最终幸运地跻身八强。此次比赛极大地开阔了她的视野，让她见到不同国家优秀的选手。也让她意识到国内的学生很勤奋、很踏实，但在一些专业技能和语言能力方面略显不足。所以，有能力一定要把英语学好，从而获得更多的机遇和更好的平台。

回首这段经历，丁晓楠的感想是：迈出第一步的勇气＋认真踏实的准备＝一个可遇而不可求的机会。

保持乐观，品味生活

丁晓楠是一个兴趣爱好广泛的女孩儿。她喜欢跳舞、弹钢琴，还喜欢打乒乓球……她说这些爱好就像是生活的调味剂，帮她找到生活的乐趣。她曾加入舞蹈团，每天的早训不仅练习了基本功，还让她养成了早起的习惯，这有利于她规划每一天的生活。另外，她认为做自己喜欢的事情时，往往会很投入、很满足，这是一个发现自我的过程。特别是压力大的时候，迷茫的时候，不知道该怎么办，那就多做些自己喜欢的、积极的事，活成自己喜欢的样子。保持乐观的生活态度，细细品味生活中的乐趣，多培养一些兴趣爱好，开阔视野，充实自己，增强自信，更稳健地奔跑在逐梦之路上。

严于律己　勤学好问
——记信息工程学院 2013 级本科生王宇蝶

王宇蝶，信息工程学院测绘工程专业 2013 级本科生。平均学分绩点 3.81，位列专业第一。荣获 2013—2014 年中国地质大学（武汉）英才奖学金校长奖学金并获评校级优秀学生、校级优秀共青团干部。荣获 2014—2015 年国家奖学金，第八届"中海达杯"测绘技能大赛专业组二等奖并获评院级学习标兵、院级优秀学生党员等。

◆ 王宇蝶

图书馆中，嘀嗒而过的时间见证了她的付出；林荫道上，郁葱的树木陪伴了她的读书时光。无论何时，无论何地，她总是保有一颗善良而炽热的心，积极面对生活与学习。

勤学又好问

"书山有路勤为径，学海无涯苦作舟。"王宇蝶深谙这句话的道理，一直坚信勤能补拙。她有自己的学习方法：严于律己是高效学习的重要法宝，边看书、边做笔记是集中注意力的秘密武器。

大一时的她成绩并不是很拔尖，位列班级中上游，但是勤学又好问的她善于利用自习课时间向班里的学霸问问题，无法解决的问题就向老师请教，凭着一股韧劲，力争上游的她最终取得专业第一的好成绩。

力行又善思

爱默生有言：思考是行为的种子。王宇蝶也认为认真思考问题可以极大地提高上课效率，因此，上课时她时刻紧跟老师的授课思路，课下积极查阅资料，丰富完善自己的知识体系。

"立志宜思真品格，读书须尽苦功夫。"学习是学生的天职，而是否能真正地学到知识则取决于学习的态度，态度决定了大学生活是散漫颓废的还是充实而丰富的。不想被淘汰就需要好好学习，不虚度每一寸光阴。意识到这一点之后，王宇蝶自觉地端正学习态度，历经拼搏终成佼佼者。

实践出真知

陆游有言：纸上得来终觉浅，绝知此事要躬行。参与实践活动不仅可以将书本知识融入实践，还能从实践中获得真知。王宇蝶积极参与社会实践和科技创新活动，大二下学期，她与同学组队参加了第八届"中海达杯"测绘技能大赛，也报名参加了大学生创新创业训练计划项目并成功立项，大三时她又参加了学院产学研项目并顺利结题。这些丰富的实践经历培养了她理论与实际结合的能力，也使她更加理解"知之愈明，则行之愈笃；行之愈笃，则知之愈益明"的道理。

志当存高远

"生活的理想就是为了理想的生活。"王宇蝶刚进入大学就确立了奋斗目标——保研读硕、继续深造，一步一步，脚踏实地，她坚信梦想只要坚持，就能成为现实。

当然，只有梦想不付出实际行动，梦想永远是梦想，不可能成为现实，正如俞敏洪所说："一个人要实现自己的梦想，最重要的是具备以下两个条件：勇气和行动。"梦想是第一步，锲而不舍的坚持和努力是第二步，唯独拥有这两样，才有可能实现自己的梦想。

属辞比事,劳逸宜均

"人之事君也,言无小大,无愆也;事无劳逸,无所避也。"王宇蝶坚持劳逸结合的路线,明确划分学习与休息时间。工作日合理分配时间,及时完成作业;周末放松娱乐,张弛有度。忙时有序,闲时有趣,以更好的状态投入学习、生活。

人生会有很多迷茫,面临很多选择,但她拥有梦想并为之奋斗,不管追梦的路有多艰辛,问题多棘手,她总是笑容以对,迎难而上。她用努力阐释了"不经一番寒彻骨,怎得梅花扑鼻香"的道理,也使自己越来越靠近理想的人生。

=不喧哗　自有声=
——记信息工程学院 2013 级本科生叶梦琪

叶梦琪，信息工程学院地理信息科学专业 2013 级本科生。荣获 2015—2016 年国家奖学金。先后获得校级优秀学生标兵、优秀共青团干部、优秀学生干部等荣誉称号，并获得 2015 年第七届全国大学生 GIS 应用技能大赛二次开发组特等奖和 MapGIS 工程师资格证，大二学年曾任信息工程学院院报编辑部副部长。

◆ 叶梦琪

生活中，她是温和可爱的邻家女孩；学习上，她是成绩优异的学霸。

而她对自己的评价是"大写的平凡"，只是尽力把事情做到最好。她认为，证明自己需要的是行动而不是言语。她也用行动向我们诠释了这句话的意义。

努力做个优秀的人

很多人刚进大学时，怀着满腔的热血，可经过时光的磨砺后，一些人看见了更好的自己，但更多人仍在原地徘徊。叶梦琪不希望自己成为一个碌碌无为的人。"既然你已经来到了这个层面，就要努力做这个层面最优秀的人，这样才能有机会走到更高的层面。"抱着这样的心态，叶梦琪在自己的大学生活中一直努力着。

尽管入校成绩已非常优异，可她从不敢有一丝一毫的放松。"进了大学之后，发现高手太多，自己根本不值一提。"在学业带来的巨大压力下，她舍弃了女孩们最喜欢的活动——逛街和聚会，而将更多时间贡献给了学习。想要取得超于常人的好成绩，就要吃别人不愿吃的苦。当大多数同学都开心地回家过暑假时，她在学校面对着一堆让人头疼的代码，经过两个月的坚持，叶梦琪同学所在的团队成功夺得第七届全国高校 GIS 技能大赛二次开发组特等奖。

善于规划时间是一个很好的习惯

叶梦琪踏着自己的步调，做着自己想做的事情。不羡慕别人的大学生活有多精彩，所有的收获都离不开辛苦的播种。"我不会因为别人乱了自己的阵脚，首先我得清楚自己想要的是什么。"叶梦琪说，善于规划时间是她觉得很好的一个习惯，对待学习，对待生活，提前计划好要做的事情总会让人有一种赢在起跑线的感觉。

学习上，叶梦琪有自己的诀窍，她说课前预习和课后复习都十分重要，课堂上与老师的互动也必不可少。叶梦琪说："预习做得充分，上课才会不被动，老师问的问题我都能回答，活跃了课堂气氛，我会觉得自己很厉害。"她的笑容中带着满足感。

端正的态度是叶梦琪的诸多优点之一，同学们都说，她做任何事情都非常认真，在学习和生活中遇到的大小问题她都认真对待。自上大学以来，每一门课程她都认真做课堂笔记，这种良好的学习习惯无疑是她获得好成绩的主要原因。叶梦琪相信"成功从来不是一蹴而就的"，而是一步一步踏实地前进。

在学生工作中逐渐成长

她是个低调的女生，这很容易让人联想到内向、沉默的形象，如果你也这样想，那就错了。

除了学习成绩名列前茅，在社团工作方面她也表现得尤为出色。大二时，叶梦琪同学担任了信息工程学院院报编辑部副部长。同学们经常可以在各种信息平台上看到叶梦琪的名字，通讯稿、采访稿她不知写了多少，这些都是她在大学留下的足迹。作为一位优秀的领导者，任职期间她成功带领院报获得优秀部门等多项荣誉。

而在平衡学习和学生工作时，她还是会把学习放在第一位。"没有付出就没有收获。一旦两者产生矛盾，要最大化地利用碎片时间，提高效率。"身为信息工程学院院报编辑部副部长的她工作很忙，但对于学习，她从未放松。她说："工作中总有很多会要开，我会用开会前的时间来学习。"

谈到这段工作经历，叶梦琪说："当时做学生工作纯粹是想锻炼自己的能力，很喜欢和团队成员一起奋斗的感觉。"学生工作的经历也的确让叶梦琪收获良多。

"学生工作需要和很多人打交道，也会遇到很多问题和困难，"叶梦琪坦言，"做一个随和的人会比较轻松，你对别人越友善，别人也会对你友善。"

丰富多彩的大学生活

虽然在学习和社团工作方面都取得了优异的成绩，可她的大学生活却并不止于此。从和叶梦琪同学的交流中，可以感受到她对生活的热情。她是学霸，却不是书呆子，她喜欢五月天，也会为抢到演唱会的门票而欣喜若狂。

大道至简，知易行难。在做出第一步尝试之前，没有人确切了解可为与不可为；在狠逼自己一把之前，没有人能计算未来的可能性。以干净简单的心境面对生活，用努力生长的姿态迎接未来，她始终相信"越努力越幸运"。"人在年轻的时候要敢于尝试，成功从来不是刻意追求的结果。漫漫人生路，努力才是最好的选择。"

"不喧哗，自有声"这句话是叶梦琪同学在大家心中的形象，这里也与所有的同学共勉。

为选择而坚持 为未来而奋斗
——记机械与电子信息学院 2014 级本科生刘娟町

刘娟町，机械与电子信息学院通信工程专业 2014 级本科生。平均学分绩点 3.87。荣获国家奖学金、国家励志奖学金。获得校级优秀学习标兵，院级优秀学生、院级学习优秀奖。2015 年暑期"三下乡"社会实践院级三等奖、中国地质大学（武汉）物理竞赛三等奖、中国地质大学（武汉）数学竞赛（非数学类）三等奖、中国地质大学（武汉）机器人大赛高级组二等奖等。

◆ 刘娟町

每一条路都有不得不跋涉的理由，告别昨日莽撞懵懂的自己，从大学这个新的起点重新出发，为选择而坚持，为未来而奋斗，让大学成为青春里最为浓墨重彩的一笔。

刘娟町，一个自信的姑娘，在美好的大学时光里，她不断挑战自己，奔跑在梦想的路上。

初入大学，迷茫中成长

对于大一刚进校园的刘娟町来说，大学生活充满了新鲜感。尽管有对陌生环境的不适，也有对未来的迷茫，但是刘娟町没有因此放松，努力掌握每一门学科的知识是她给自己定下的目标。"对于基础课程，我通常会课前预习，对于课堂上自己没有理解的知识重点学习，课后仔细钻研题目，巩固知识，有问题及时向老师请教，通过这样的方式高效地掌握基础知识。"刘娟町说道。她坦言，记忆中大一时多数时间是在自习室度过的，虽然过程很艰苦，但在知识的海洋中遨游，内心充实而满足。

专业学习，磨炼中进取

态度决定高度，是刘娟町一直以来的信仰。只要有积极的态度，就没有完成不了的事情。大二，她开始学习各种专业基础课程，接触相关专业知识，慢慢地了解自己的专业，虽然有的知识繁复难懂，但她相信，兴趣是最好的老师，经过仔细钻研推敲，她理解了知识并获得巨大的成就感。凭借着对所学课程的兴趣以及永不言弃的态度，她不但掌握了专业基础知识，也在各项科研活动中有所收获。

学生工作，全面发展

刘娟町认为，大学生活和高中生活最大的不同之处就在于学习不再是自己课余时间的全部，生活变得十分丰富。因此，学会合理分配时间，提高工作效率，全面发展自己，成为大学生活不可忽视的一部分。通过参加学校的社团礼仪队，她收获良多，不仅塑造了优美的体态，提升了气质，也学会了如何与他人有效地沟通。在校学生会办公室承担学生工作的过程中，刘娟町服务同学的同时也结识了许多志同道合的朋友，更体会到了团队力量的强大。她说，无论要处理的事情有多少，只要合理分配，在做每件事的时候都专心投入，高效利用时间，就不难协调好学生工作与日常学习，从而体会大学生活的多彩，绽放自己的光芒。

时间如白驹过隙，虽然经历过迷茫和困惑，但刘娟町逐渐找到了自己前进的方向，大学生活过得充实而有意义。未来她将更加深入地了解所学专业，参与与专业相关的科研活动，探求真理，让大学生活无怨无悔。

人生最宝贵的年华就是青春：充满着力量，充满着期待，充满着求知的欲望，充满着希望。正处于最美好年华的我们，又有什么理由不努力呢？

=不骄不躁　不卑不亢=
——记机械与电子信息学院 2014 级本科生万欣

万欣，机械与电子信息学院电子信息工程专业 2014 级本科生。平均学分绩点 3.98。荣获 2014—2015 年国家奖学金、2015—2016 年江西省校友会奖学金。获得 2014 年中国地质大学（武汉）机器人大赛二等奖、2014 年中国地质大学（武汉）数学竞赛（非数学类）三等奖、2015 年中国地质大学（武汉）大学生电子设计竞赛二等奖、2015 年机械与电子信息学院"电信杯"电子设计竞赛一等奖、2015 年校大学物理竞赛二等奖、2016 年湖北省大学生电子设计竞赛三等奖。荣获 2015 年校级优秀学生标兵称号，四个学期连续荣获院级优秀学习个人称号，并获评 2015 年院级学习优秀奖，2016 年院级优秀学生。英语成绩十分优异，全国大学英语四级考试 619 分，全国大学英语六级考试 600 分。

◆ 万欣

春意正浓，微风轻拂，午后温暖的阳光下，万欣捧着书缓缓走来，笑靥如花，明媚动人。一位包揽了各种奖项，在比赛中脱颖而出，成绩优异的女学霸，不骄不躁，不卑不亢，安静而内敛，在丰富多彩的大学生活中绽放出属于自己的别样光彩。

书山有路勤为径，学海无涯苦作舟

培根曾说：习惯真是一种顽强而巨大的力量，它可以主宰人的一生。保持良好的学习习惯使万欣受益匪浅，不断靠近梦想，走向成功。大学授课与高中不同，授课方式更为灵活，学生也更加自由，因此，养成自主学习的好习惯至关重要。万欣每天都要给自己留出一部分自习时间，巩固和复习老师课上讲的内容，对于较难的公共基础课和其他专业课程如"高等数学"，要养成课前预习的好习惯，这样上课听讲时会轻松很多，对知识点的掌握也更加牢固。在自由的大学生活中，万欣依旧保持着高中养成的课前预习、课后复习的良好学习习惯，高度自律，勤奋好学，严格要求自己，在枯燥却又充满挑战的学习中不断进取。

我生待明日，万事成蹉跎

"明日复明日，明日何其多。"虽然"拖延症"已成为当代年轻人中常见的一个现象，但万欣却依旧保持着今日事，今日毕的好习惯。若是今天的事情拖到明天做，明天又有了新任务，长此以往，永远都有事情堆积着等待完成。学习更是不能拖延，一旦赶不上老师的进度，会打击学生的学习热情与自信。万欣总是会提前完成老师布置的任务，给自己预留充足的时间，保证完成的质量与速度。

纸上得来终觉浅，绝知此事要躬行

作为一名工科生，万欣深知动手实践的重要性，因此大一便开始接触电路方面的知识。虽然当时对老师所讲的知识技能并不是很了解，但在一定程度上让她对专业知识有了一个初步的认识。后来，她积极参加了校内举办的各种电子类竞赛，从队友、学长那里学到了许多知识，收获颇丰。通过不断地实践练习和比赛的磨炼，她的动手能力得到较大提高。大一下学期参加中国地质大学（武汉）机器人大赛获二等奖，大二上学期参加中国地质大学

（武汉）大学生电子设计竞赛获二等奖，在机械与电子信息学院"电信杯"电子设计竞赛中获一等奖，2016 年 8 月在湖北省大学生电子设计竞赛中斩获三等奖。万欣相信，只要对科研有兴趣，积极投入其中，一定能够不断提升自己，拥有巨大收获。

既然选择远方，便只顾风雨兼程

冰心曾说过：成功的花，人们只惊羡它现时的明艳！然而当初它的芽儿，浸透了奋斗的泪泉，洒遍了牺牲的血雨。在精彩、明艳的背后，万欣一直默默努力，不断前行。万欣在大一、大二的学习过程中渐渐找到自己的人生方向，对未来有着明确的规划，所以更加明白自己要做什么，怎样去做。她相信一分耕耘一分收获，只要不放松对自己的要求，总有一天梦想会实现。

正如大冰所写，请相信，这个世界上真的有人在过着你想要的生活。愿你我可以带着最微薄的行李和最丰盛的自己在世间流浪。忽晴忽雨的江湖，祝你有梦为马，随处可栖！最后，愿淡泊如菊、气质如兰的万欣一直努力，在未来人生中继续绽放属于自己的光彩。

=智者不惑 勇者不惧=
——记外国语学院 2013 级本科生董一雯

董一雯，外国语学院 2013 级本科生。平均学分绩点 3.82，排名年级第二。先后获得全国大学生英语竞赛 B 类一等奖、湖北省第二十一届外语翻译大赛英语专业笔译组三等奖、湖北省第二十二届外语翻译大赛初赛英语专业口译组三等奖、"外研社杯"全国英语写作大赛校级二等奖、

◆ 董一雯

第二十一届中国日报社"21 世纪·可口可乐杯"全国英语演讲比赛校园选拔赛二等奖。担任校学生会学术部副部长、大学生校报记者团摄影部副部长、校广播台编辑部"新闻周刊"栏目组责任编辑。2015 年、2016 年连续两年获得校级优秀共青团员称号。

享受当下，期待未来，为当前的风景而动容，也为未来的美好而心动，所以一路坚持，一路勇敢，不曾改变热血和真诚，奋力前行保持青春的色泽和荣耀。

"惟知跃进，惟知雄飞"

李大钊说过：青年之字典，无"困难"之字，青年之口头，无"障碍"之语。人生没有了目标，要么碌碌无为终其一生，要么郁郁寡欢日复一日；

而有了目标，则如同找到了人生的指向标，不再惶惶度日、茫然不知何所往。董一雯对自己的未来有着明确的认识。她把自己的目标分成短期目标和长期目标。即使已经保送南京大学，她仍然坚持每天阅读中、英文论文，为毕业论文的撰写做积累，她希望自己能顺利适应南京大学的生活，并获得出国访学的机会，开阔视野。对于她来说，正因为她懂得自己想要什么，所以才能飞得更高、走得更远。

智者不惑，勇者不惧

董一雯说，大学学习既注重专业知识，也强调全面素质培养。在大学宽松的环境氛围下，自制力是必备的。一旦确定了目标，就要经受住诱惑、不为外界所干扰。她说："成熟的一种标志就是学会自制。"在生活中，要学会控制情绪；在工作中，尤其是在学生工作和社团活动中，强大的自制力是良好的执行力和优秀的管理能力的基础。

懂得适时放弃也很重要。董一雯曾修读经济学双学位，但她很快发现，兼修双学位需要大量的时间和精力，不仅打乱了她正常学习，还让她身心俱疲。于是，她果断放弃修读双学位。古语有云，鱼与熊掌不可兼得，有时候适时的放弃也是一种智慧。

写意时光，有声有色

李白诗云："兴酣落笔摇五岳，诗成笑傲凌沧州。"生活需要不紧不慢、持之以恒的努力，也需要随性洒脱的心态。

人不是生活的机器，作为一个有自主意识的个体，要懂得生活的艺术。在忙碌的学习和生活中，董一雯每周都会抽出一天的时间来放松，宅在寝室里看书、看剧、玩填图，或到外边逛街、看电影、做一名合格的"吃货"。

大学四年，她严格要求自己保持良好的作息习惯，每天早晨六点起床，坚持晨读，并且认真地做好每天的学习规划。在学习上，她独立思考、不耻下问。她说，大学四年，不可虚度光阴，不能安于现状，要学会适时地把眼光放长远些，挑战自己，挑战别人认为不可能的事。

"盛年不重来，一日难再晨。及时宜自勉，岁月不待人。"珍惜时光，一点点告别过去，一点点抽离出来，努力走好每一步，让青春的路上开满鲜花。

过好每一天　走好每一步
——记外国语学院 2013 级本科生武曼婷

武曼婷，外国语学院 2013 级英语专业本科生。学分绩点平均 3.67。荣获国家奖学金、2015 年中国地质大学（武汉）英才奖学金校长奖学金。获得 2016 年中国大学生路跑联赛全国总决赛第五名、西北赛区第二名，"无极道杯"第二届"互联网＋"大学生创新创业大赛校赛二等奖、地大笔记大赛三等奖、暑期"三下乡"社会实践校级三等奖、外国语学院科技论文报告会三等奖，被评为校级优秀学生干部、优秀共青团干部。担任外国语学院学生会副主席、外国语学院第四党支部书记。已被上海外国语大学录取。

◆ 武曼婷

大学之为大，人生之盛夏

北京大学中文系教授钱学理说：大学之为大，人生之盛夏。沉潜十年，迈入大学，如若人生有四季，大学里的时光一定是盛夏，在这最年轻、最有希望改变未来、重塑人生的阶段，应珍惜光阴，把握机遇，成就自我。

少年负壮气，奋烈自有时

李白的《少年行》满卷意气风发，少年自当无畏无惧，勇往直前。武曼婷一直坚信每个人的经历都是自己的传奇，因为独特，所以精彩。

从高中到大学，她的身份不断转变，学习轨迹也不断变化。学习轨迹是她认识世界的过程，从爱好广泛，对什么都感兴趣到集中精力，专攻学业，再到挖掘自身个性和需求，找到与自己最匹配的兴趣爱好，见识更广阔的天地。

青山缭绕疑无路，忽见千帆隐映来

大一时，她怀着新生的心态，体验着崭新的大学生活。随着时光匆匆流逝，不懂本专业发展，不懂个人规划的她逐渐感到迷茫并意识到自身存在的问题。大二时专业课程增多及全国高等学校英语专业四级考试的压力，让她迅速做出改变，专注学业，做好时间规划。在她的不懈努力下，她以"优秀"的成绩顺利通过全国高等学校英语专业四级考试。学业成绩取得长足进步的同时，她还修读了华中师范大学汉语言文学双学位并加入了保护母亲河协会、健美操队、长跑队。

不积小流，无以成江海

合抱之木，生于毫末；九层之台，起于累土……在不断的积累中进步，在进步中成长。在学校举办的"丝绸之路"青年领袖论坛上，武曼婷有幸担任翻译志愿者，真正将所学投入实践，也让她找到了为之努力的方向。加入长跑队的她，参加了中国大学生路跑联赛全国总决赛，她所在团队冲进决赛，最终获得全国第五名，这也为她的保研之路增添了亮点。大四之初，取得保研资格后，她认真准备复试。复试时有一道考题，需要考生翻译《北京折叠》

中的一句话,因为她之前读过,所以顺利作出了回答,这让她深深感受到积累的重要性。她说,选择不能一次性决定未来,重要的是你要为你的选择努力,为你的选择负责。坚定你的兴趣并为之奋斗,一定能收获丰硕的果实。

　　荀子说过:真积力久则入。人生没有无法跨越的壁垒,持久的努力和坚定的信念是制胜法宝。珍惜时间,把余下的每一天过好,每一步走好。

志存高远　放飞梦想
——记机械与电子信息学院 2013 级本科生鲍金宇

鲍金宇，中共党员，机械与电子信息学院通信工程专业 2013 级本科生。平均学分绩点 3.89。荣获 2014—2015 年国家奖学金、2015—2016 年国家励志奖学金。获评校级优秀共青团员。获得中国地质大学（武汉）大学生电子设计竞赛三等奖、中国地质大学（武汉）机器人大赛高级组一等奖、中国地质大学（武汉）信息调研大赛三等奖、校大学物理竞赛三等奖等。2016 年担任大学生创新创业项目负责人。

◆ 鲍金宇

在大学，若没有经过艰苦的奋斗，没有辛勤的付出，我们的人生将平淡无奇，就如同茧没有经过痛苦的挣扎永远不会变成美丽的蝴蝶，河蚌没有经过沙砾的一次次磨炼永远不会孕育出晶莹高贵的珍珠一样。鲍金宇通过自己的努力，脱颖而出，成为佼佼者。

不积跬步，无以至千里

歌德有言：向着某一天终于要达到的那个终极目标迈步还不够，还要把每一步骤看成目标，使它作为步骤而起作用。每一天给自己定一个小目标，每一个小目标，都能通往大梦想，一步一步，循序渐进，纵然会有很多困难，但只要坚持下去一切都不是问题。

鲍金宇刚进入大学时,成绩并不拔尖,但是她没有因此而怀疑自己。课堂上她认真弄懂老师讲的内容,课后在图书馆专心复习,每天在图书馆汲取知识成为她的乐趣之一,坚持不懈,最终得到的不仅仅是成绩的提升,还有能力的提升。

对于学生工作,她兢兢业业,精进不休,很快从一名懵懂无知的部员成为一名能独当一面的部长,无论遇到什么困难或者出现什么失误,她都能在老师和同学的信任与支持下勇敢面对。担任学生干部阶段,在服务同学的同时她还不断提升个人能力,如统筹安排能力、组织管理能力、社交能力等,并且积累了大量的工作经验,这些都成为她终身受用的宝贵财富。

志当凌绝顶

即使道路坎坷不平,车轮也要前进;即使江河波涛汹涌,船只也要航行。生活总会有坎坷,甚至有时寸步难行,但人生需要不断地挑战自我,激流勇进,越战越勇。

在四年的大学生活中,她不断挑战自我、充实自己,积极参加学院、学校举办的各项电子类竞赛和社会实践活动。她以队长身份带领团队成员参加中国地质大学(武汉)机器人大赛,经过共同努力,最终获得高级组一等奖;参加校大学生电子设计大赛,斩获三等奖,这都是对她组织能力和实践能力的又一次肯定。

而这一切建立在她不断挑战自我的基础上,在中国地质大学(武汉)大学生电子设计竞赛得奖之前,她也曾体验过失败的滋味,但是她勇于挑战自我并最终获得成功。她志存高远、自强不息,正因为有了这份毫不畏惧的勇气,她才能直面人生中的每一段风雨兼程。

动静相济,劳逸适度

起居以时,劳逸相适。生活中,虽然学习和工作很紧张,但是也应注意劳逸结合,经常磨快自己的锯子,以加快前进的步伐。没时间磨锯,就没有机会成功。

在学习生活中，鲍金宇懂得劳逸结合，她喜欢跑步，跑步可以让她得到放松。这是她舒缓学习压力的一种方式，也是她调节情绪的一种方式，也正是有跑步的好习惯，她连续两年取得机械与电子信息学院"一二·九"长跑第一名的成绩。

自低谷而来　攀往最高处
——记环境学院 2013 级本科生姚炜钰

◆ 姚炜钰

姚炜钰，中共党员，环境学院 2013 级水资源与环境工程实验班本科生。平均学分绩点 3.8，托福 103 分，GRE 151＋166＋4 分。荣获中国地质大学（武汉）英才奖学金校长奖学金、院士奖学金，82 级水文校友优秀学生奖学金。荣获环境学院"学习之星"、优秀共青团员，校级优秀学生等称号。担任 040131 班文体委员。大二时负责的国家大学生创新创业训练项目被评为重点项目，项目研究成果在中文核心期刊《环境工程》上发表，并在亚特提斯造山成矿会议上进行展示。大三时在生物地质与环境地质国家重点实验室做项目，在国际顶级期刊 Water Research 上以共同第一作者身份发表论文；大三暑假在美国加利福尼亚大学河滨分校做暑期科研，完成独立课题，在本科生科研大会（SCCUR）上作报告，并以志愿者身份被选拔参与水科学领域的诺贝尔奖——克拉克奖（Clarke Prize），NWRI 会议。获寒假社会实践校级优秀团队负责人，暑期"三下乡"社会实践校级二等奖；参加山西省地质调查院水工环中心暑期实习；参加 E&C 杯英语演讲比赛获得总决赛第四名；创办学校英语口语俱乐部"Better Me"；参加校运动会女子 400 米、女子 4×100 米项目，分别获得第四名和第八名。已获得哈佛大学、卡耐基梅隆大学、密歇根大学安娜堡分校、佐治亚理工学院、圣路易斯华盛顿大学等知名高校的录取通知书。

念念不忘　必有回响

李叔同在《晚晴集》中有言：世界是个回音谷，念念不忘必有回响，你大声喊唱，山谷雷鸣，音传千里，一叠一叠，一浪一浪，彼岸世界都收到了。因为它在传递你心间的东西，绵绵不绝，遂相印于心。

成长打磨棱角，也磨平了少年志气，哈佛大学更像是符号般的存在，渐行渐远，直至触不可及。在微小的可能性里寻求机遇的追梦人，更像是勇士，一路披荆斩棘，粉身碎骨也不忘初衷。最后在大路尽头用美丽而坚定的背影告诉我们，其实哈佛并不只是梦。

慈恩寺下题名处，十七人中最少年——自信、倔强、勇敢

一路走来，让她印象最深刻的，是三次狂喜。2016年4月21日5：00，托福考试出分；2016年11月23日8：00，姚炜钰写的论文被 *Water Research* 接收了；2017年2月16日6：00，哈佛大学发来录取通知书。狂喜是种难以名状的兴奋，甚至会浑身颤抖，是悲伤地痛哭过无数个深夜后一早醒来看到黎明时天空中那一抹灿烂夺目朝阳的感觉。

"在尘埃落定之前，几乎没有人相信我可以做到啊！"准备出国留学前她为自己树立了目标，要么就去美国 TOP 10 大学攻读硕士，要么就去攻读 TOP 50 大学的全额奖学金博士。她曾跟朋友谈起过自己的目标，但大多数人觉得她在异想天开，在开玩笑，没有自知之明。世界顶尖学府的录取标准异常严苛，申请者需要具备卓越的学术背景和研究能力，录取名额也基本被北京大学、清华大学、复旦大学等高校的顶尖学生包揽，尤其是环境工程专业全额奖学金博士项目，很多世界顶尖名校一个系一年的招生人数也不过 10 人左右。可她就是迷之自信，心里隐隐地不服气，想使劲拼一把，看看究竟会发生什么。

她说："没有经历过在深夜里痛哭过的日子就不配谈成长，我这几年的成长确实算是比较快。"三战托福，三战 GRE，几十上百次实验失败，在楼层长办公室借助充电台灯练口语到凌晨一两点，一篇托福听力从不同侧重点反复

听十多遍，GRE单词书翻了不知道多少遍，负重的同时完成大量任务，实验不顺利从各方面排除不利因素重新来过，给美国各大学老师发出近百封邮件仅收到屈指可数的回信，孤身在美国访学时感受到独立生活的巨大孤独，来自导师的压力，科研工作的不顺利，生病，大晚上差点遭遇抢劫……她是一个很倔的人，越是困难的事情，越想征服它，越不愿低头。

"说来当时是很苦，但是努力带来的回报是无比让人欢喜的。"备战托福之后，她的英语水平有了极大提升，渐渐做到能与外国人流畅自信地沟通。备战GRE之后，她感觉自己的逻辑分析和写作能力得到很大提高。科研工作更是充满乐趣，每次做出有趣的结果时她都能激动得跳起来；看到一篇创新并且实用的论文时迫不及待地想试用在自己的科研体系里，看到机理逐步成熟与预想结果吻合，更是一种莫大的快乐。她逐渐感受到自己在变强大，在成长，学习能力、思维能力、抗挫折能力、解决问题的能力都在快速提升。

最终，美国TOP 10大学硕士、TOP 50大学全额奖学金博士，最难的项目，她都以横扫之势拿下。

他人给予的帮助令她没齿难忘。在学习和科研工作中，导师和师兄的悉心指导犹如一盏明灯，照亮她求学路上的迷茫与晦暗；导师为她争取珍贵的出国交流机会，让她更加专注地追求自己的目标和梦想。他们是她科研路上的前辈和楷模，与他们一起工作让姚炜钰充满了斗志。她认为自己非常幸运，国内的课题组充满活力、热情温暖，大家本着"和衷共济，锐意进取"的态度共同前进；国外课题组的同学们也非常努力，并且经常在生活上帮助她，让她非常感激。

一个极其努力愿意为梦想不断奋斗的人是会发光的，优秀的她还交到了一群非常棒的朋友，他们善良乐观，敢想敢做，不畏挫折，充满勇气和力量。人生路还很长，她希望自己能坚守初心，不断地学习，在新的起点上继续向前奔跑。

此中有真意，欲辨已忘言

虽然读书和科研填充了她大部分的时光，但她的生活中却从不缺少小幸福。平日里，她是个充满亲和力的人。她经常和好朋友一起去看电影、玩狼人杀,和朋友结伴去旅行、品尝各种各样的美食,会在忙碌后放空自己,看看电视剧,她还很喜欢运动,跑步、健身,初具雏形的马甲线是她的小成就。

每个人都应该在年轻的时候开始一路跋涉的征程,历经艰难和险阻,承受挫折和磨难,尝遍欢笑与泪水,然后找到自己要什么,接着不顾一切地坚持下去,这大概就是人生的意义。

= 目标明确　奔跑不止 =
——记地球物理与空间信息学院 2015 级本科生陆威帆

陆威帆，地球物理与空间信息学院地质与地球物理（实验班）专业 2015 级本科生。平均学分绩点 4.10，位列专业第一。荣获 2015—2016 年国家奖学金、争先奖学金。第九期校级"英才工程——科学家计划"成员。被评为 2015—2016 年校级优秀学生、校级优秀共青团员。荣获第四届湖北省大学生物理实验创新设计竞赛二等奖、中国地质大学（武汉）第二十七届学生科技论文报告会（本科生专场）三等奖、校数学竞赛二等奖等。同时，还主持多项科研项目，包括 2016 年大学生创新创业训练计划项目、争先奖学金科技创新类项目，2017 年"挑战杯"全国大学生课外学术科技作品竞赛校赛复赛作品、科学家计划项目等。

◆ 陆威帆

世界很大，风景很多，人生很短，有志之人，自是不甘拘泥于自己小小的一方世界。那么，与其选择平静地走过大学这段行程，倒不如一开始就奔跑前行。陆威帆就奔驰在梦想的道路上。

心有所向，高山可期

一个人，只有心中有所追求，有所向往，才可能沿着既定方向前进并为之努力奋斗。在进入大学之前，陆威帆就对自己的未来有了规划。他希望在大学期间能连续获得国家奖学金，大三的时候争取机会参加地球物理年会，以及联系好导师保研到北京大学继续深造，希望未来有机会留在高校工作。他很明白，对于这个阶段的自己而言，最重要的是学习，是知识的积累。也正是有了最初的目标，他才有动力去追逐自己的梦想。

业精于勤，行成于思，何所不能

大学，若想有所成，勤思、勤学、勤做，奋发向上。对于地球物理学专业的陆威帆来说，专业难度自是只增不减，为了更好地适应专业学习，陆威帆对自己的时间进行了合理的规划。每天没有课程的时间，他就去图书馆自习，并且每天要保证2～3小时的有效学习时间。对于基础课程，陆威帆认为上课要认真听讲，多做题，多思考，并且课后要付出三倍的努力。如对于很多人都头疼的"高等数学"课程，他坚持课上做好笔记，课下多做练习题，一年下来，写满了5个笔记本。为了学好"高等数学"，陆威帆每周都会抽出时间练习并总结考研试题，因为他觉得考研试题就如同高考试题，每道都是精华而且许多课后习题都改编自考研试题。对于需要记忆的学科，陆威帆也坚持每天早上抽出时间背诵相关知识点。他相信只要肯付出就会有回报，知识的积累是长期的而不是靠临时抱佛脚或是考前突击。

勇于挑战，善于创新

陆威帆知道，自己若想要更加优秀，不能光凭学分绩点，还需多参加科研活动，增加自己的科研经历，这也正是他的兴趣所在。喜欢钻研的他高中就曾获得过全国电子制作锦标赛一等奖。大一时，由于还没有学习与专业相关的知识，他选择做基础物理方面的科研项目，跟随数理学院的老师进行光纤方面的研究，并与所学专业结合，参与了国家自然科学基金项目"可探测地震前兆次声波的光纤声传感器的研究"。

大二时，他成为第九期校级"英才工程——科学家计划"成员，依托项目"从背景噪声中恢复经验格林函数的研究与应用"在2016年大学生基础科研训练中，以负责人身份申请了周期为一年的科研项目"驻波法测管道系统的固有频率"。同时他还主持争先奖学金科技创新类项目"利用背景噪声层析成像研究鄂西地区横波速度结构",在2017年"挑战杯"全国大学生课外学术科技作品竞赛校赛遴选中,从90余项作品中脱颖而出,进入复赛。那段紧张忙碌准备比赛,以及准备科技论文报告会的时光是最令他回味的。陆威帆代表学校参加第四届湖北省大学生物理实验创新设计竞赛,他觉得,从写立项书到测试研究再到省赛答辩,每一次经历都是宝贵的财富。随后,他跟随导师从事背景噪声面波层析成像方面的基础科研。就像他自己所说的,他喜欢挑战并勇于追求创新。

虚心求教,品味生活

陆威帆喜欢和优秀的学长学姐交流,学长学姐给予了他很大的帮助。他认为,这既是在学习,也是在开拓一条避免走弯路的捷径。正因为有他们的帮助,陆威帆才能比同级学生看得更广,想得更远。

陆威帆说他喜欢充实的生活。周末,他也会走出校园,去东湖绿道骑行,去汉口漫步……他觉得"要么旅行,要么读书,身体和灵魂总有一个在路上"。

他说,大学生活最不能愧对的就是自己。人生有很多条路可以走,成功也有很多的途径,找到适合自己的方向并为之努力,这样的人生才有意义,而且将来的你一定会感激现在拼搏的自己。

脚踏实地 才能仰望星空
——记环境学院 2014 级本科生曹乾安东

曹乾安东，中共党员，环境学院生物与科学专业 2014 级本科生。平均学分绩点 3.83，位列专业第一。第九期校级"英才工程——科学家计划"成员，在全国大学英语四级和六级考试中分别取得 634 分和 569 分的成绩。在学生工作方面，她担任 043141 班班长，环境学院"党徽照我行"工作中心实践部副部长、校园安全文明建设协会会长、北一学园楼层长等职务；在取得的荣誉方面，她先后获得国家奖学金、国家励志奖学金，校级优秀学生标兵、百名好支书/好班长、勤工助学之星、环境学院"学习之星"等荣誉；在科研方面，她获得 2016 年中国地质大学（武汉）第二十七届学生科技论文报告会（本科生专场）三等奖，2016 年环境学院科技论文报告会二等奖、2015 年环境学院科技论文报告会三等奖，环境学院 2015 年文献翻译大赛二等奖等。

◆ 曹乾安东

孜孜不倦，望一片星空

每个人都是自己命运的建筑师，生命是熠熠生辉还是黯淡无光，更多的取决于自己的努力与付出。曹乾安东的学习成绩一直名列前茅，这在很大程度上得益于她积极的学习态度和坚持不懈的努力。"博观而约取，厚积而薄发",拿英语学习来说,她深知英语对于科研的重要性,因而每天坚持背单词、练听力,在坚持不懈的努力下,她在全国大学英语四级和六级考试中均取得了优异的成绩。她一直都以一种积极的心态对待学习,即使是面对长篇且复杂的英文文献,她也能沉下心来,慢慢地翻译,细细理解其中的精髓,在枯燥的文献中攫取有用的知识。

谈及对今后的打算,曹乾安东选择去中国科学院深圳先进技术研究院的合成生物学工程研究中心深造。她说:"我的眼界还不够宽广,未来我还可以做得更好。"正所谓"路漫漫其修远兮,吾将上下而求索"。

思想无限,行动无疆

"大学生涯中,我最引以为傲的角色就是班长。"作为043141的班长,她积极主动地为班级服务,不管是涉及班级的重大决策,还是处理班级的日常琐事,她都尊重班级中每位成员的想法,并积极与其他班委做好协调与沟通工作。

除了班长这一职务,她还担任过校园安全文明建设协会会长,任职期间多次举办与校园安全相关的活动,尽自己的最大努力做好校园安全工作;也曾担任过北一学园的楼层长,尽职尽责地处理好寝室的相关事宜。值得一提的是,在任楼层长期间,她还利用自己的所学,为学生讲解如何科学地处理霉菌等问题,帮助同学们营造一个良好的寝室环境。

奉献自我,实践不止

支教是曹乾安东长期以来的心愿。2015年7月,她作为"牵手爱心助学团"的一员前往安徽省太湖县马嘶小学支教,她负责联系学校并承担部分教学工作和后勤工作。在支教过程中,她和当地的小朋友们建立了深厚的情谊。她说,很希望有机会再回到那里看看小朋友们。

在社会实践活动方面，她亦是不遗余力。2015 年，她随团队一起参加了暑期"三下乡"社会实践活动；2016 年，她又作为"星火燎原"团队的一员，前往贵州进行红色文化调研活动。她积极投入社会实践工作，从没有停下自己的脚步。

曹乾安东，一位温暖、努力而又充满责任感的女生。我们希望她在实现理想的道路上越走越远。

=不惧挑战 百炼成钢=
——记资源学院 2013 级本科生王君如

王君如,资源学院石油工程专业 2013 级本科生。平均学分绩点 3.87,位列专业第三。先后获得国家励志奖学金、国家奖学金和中国地质大学(武汉)英才奖学金院士奖学金。荣获校物理竞赛三等奖、校数学竞赛三等奖、暑期"三下乡"社会实践校级一等奖、校"助学·筑梦·铸人"征文一等奖及院级第六期"寻找李四光·卓越地质师培育工程"挑战营决赛一等奖等。先后担任院纪检部副部长,院党建办公室监督测评部副部长和资源学院 2013 级本科石油工程党支部支部书记。被评为校级优秀学生标兵、校级优秀学生、校级本科生优秀学生共产党员和院级优秀党务工作者等。

◆ 王君如

博学之,审问之,慎思之,明辨之,笃行之

对于学生而言,好的学习方法犹如登山的阶梯,帮助学生省力、快速地到达山顶。谈到学习方法,王君如坦言自己除了通过上课积极思考、课下认真完成作业、常向同学老师交流请教,打牢基础之外,就是将知识与生活紧密结合。对于工科生而言,将学到的知识运用到生活中并加以使用,能更有效地帮助他理解理论知识并发现问题。在课堂上老师的讲解中迸发灵感,在课下与同学的探讨中发现不足,在广泛查阅资料和联系实际的思考中追寻真

理。大学的学习是自由的，但越是自由，我们能做的事就越多。"博观而约取，厚积而薄发。"唯有平时做到脚踏实地、勤于积累，方能做到游刃有余、强于实践。

凡事预则立，不预则废

现实生活中，很多人会顾此失彼，无法平衡学习、工作和生活，如汪洋大海中的一条小鱼，迷惘却找不到方向。而王君如却能将学习、学生工作和兴趣爱好三者兼顾，既能保持优异的成绩，又能在工作中得到锻炼，还能实现劳逸结合。她说："首先要将学习、工作和生活分开，控制自己的情绪，让它们相互之间尽量少产生影响；其次合理规划时间，提高做事效率并且每做一件事就专心致志地做好。"为了避免事情冲突，王君如始终坚持在每周周末计划安排下周要做的事情，每天晚上总结当天所做的事情并规划第二天的事情，坚持今日事今日毕。如果遇到突发紧急事件，偶尔也会加会儿班或者找同学帮忙。正所谓运筹帷幄之中，决胜千里之外，只有为明天做好准备，明天才会如约而至。

长风破浪会有时，直挂云帆济沧海

想做向涛头而立的弄潮儿，就要练就手把红旗旗不湿的本领。前行之路难免有挫折和坎坷，王君如说唯有正视挫折、直面坎坷，相信天道酬勤、永不言弃，才能"到中流击水，浪遏飞舟"。英语是王君如的一个短板，全国大学英语四级考试考了两次才通过，这对她无疑是一个巨大的打击。备考全国大学英语六级考试的时候，她每天早晨六点多去操场早读，平时一有时间就去图书馆做阅读题和练习写作。考试前她做完了两本阅读理解练习册和一整套的真题。回忆起那段时光，她说："我每天都会告诉自己再多坚持一下，一定会有收获的。"最让她惊喜的时候莫过于全国大学英语六级考试出成绩的那一刻，她从未想过英语有一天会成为她的骄傲。千锤百炼出好钢，一番拼搏后，我们都会变得越来越好。

人生是一次远航，途中必然会遭遇各方吹来的劲风，只要稳住船舵，便能凭风而上。学习亦是如此，困难挫折虽是难免，却也能从中获益颇多。王君如说虽然学了两年专业课，但仍然有一种初学皮毛的感觉，而且每次课程设计除了难以将知识用于实践外，还会遇到诸如自学新软件较困难等问题。但她相信，成功是螺旋式上升的，遇到困难说明自己在进步，唯有走下坡路才是一帆风顺。

"脚踏实地求真求实干，心怀梦想有诗有远方。"愿所有人能像王君如所期盼的那样，怀梦前行，一路向阳。

=如果热爱一件事 那就把它做到极致=
——记计算机学院 2013 级本科生詹才韬

◆ 詹才韬

詹才韬，计算机学院计算机科学与技术专业 2013 级本科生。平均学分绩点 4.07，连续三年成绩稳居专业第一（1/122）。ESS 班成员，托福成绩为 103（口语 26），GRE 成绩为 158＋167＋3.5。荣获 2014 年国家奖学金，2015 年中国地质大学（武汉）英才奖学金院士奖学金。获得 2014 年中国地质大学（武汉）"新生杯"ACM 程序设计大赛二等奖、2015 年英语能力竞赛全国二等奖等十余项荣誉。2016 年 10 月发表一篇国际会议论文。申请美国计算机科学博士项目，收到美国五所大学的全额奖学金录取通知，最终选择去纽约州立大学石溪分校继续深造。

目标和眼界

进入大学之后，詹才韬深刻认识到过去几年因为缺少目标，个人潜力未能得到充分发挥。于是，他经常向师长、朋友请教该如何规划大学生涯，该如何设计"个人路线"，了解大学期间有哪几条道路可以选择，选择哪一条道路"最佳"。深思熟虑后，詹才韬为自己定下了坚定的目标：四年之后的下一站是美国名校。大二，随着专业学习的逐步深入，他对前景有了更为明确的想法：本科期间直接申请美国计算机科学博士。这应该是计算机科学领域顶级学生的最佳选择。理想光明，道路却漫长而艰辛。从 2013 年 11 月开始，他的学习强度甚至超过了高中时期，并且一直保持到 2016 年 10 月。他早出晚归，夜以继日地在北区自习室或北区综合楼学习到熄灯关门。考试之前和好友组团刷题，加强对知识的理解。拥有明晰目标，不走弯路，不荒废，不辜负，真真正正用实力铸就非凡。

计算机科学专业和英语学习

近年来计算机科学专业（Computer Science，简称 CS）发展迅速，詹才韬认为 CS 专业学生应具备两种核心专业能力：获得高 GPA 的能力和动手写代码的能力。前者有助于学生保研、出国，后者有助于学生在就业市场上占据优势。詹才韬认为这两种能力之间的关联性很小：GPA 高不代表会写代码，会写代码不一定 GPA 高。而詹才韬属于这两种能力都强的学生。如何成为两种能力都出色的 CS 骄子呢？最重要的是要有学习计算机的兴趣，还要肯钻研代码，多写代码、多思考、多总结。再就是要有高目标、高自律性和高执行力。多刷题，不断写代码，持续积累、再积累。在这个人工智能异常火爆的年代，CS 专业学生还需要掌握各种数学知识、常见的机器学习算法，尝试把人工智能算法应用在自己编写的程序中。他建议 CS 专业学生在大学期间多参与科研项目，项目可以是科研性质的，也可以是工程性质的。本科阶段，詹才韬非常幸运地在李长河老师的指导下做科研，他勤学苦练，得到全方位的成长。最终发表了一篇国际会议论文，对他申请全额奖学金博士项目有很大的帮助。

英语更是一项重要的技能和工具，掌握流利的英语可以获取各个行业的最新信息，拥有更多的信息渠道优势。他很幸运地入选了 ESS 班，在老师的专业指导下，和英语很厉害的同学一起学习。在 ESS 班的一年半时间里，他合计完成了 17 500 个英文单词的写作训练，做了 7 场英文 PPT 演讲，完成了大量的阅读和听力训练。在这串数字背后，是积累，是自我超越。在 6 个月艰苦备考托福和 GRE 的过程中，詹才韬的词汇量大幅度提升，英语逻辑和批判性思维也得到了锻炼。第二次考 GRE 的那一个月，是他大学 4 年里压力最大、最艰难的一段时光,他经常感叹 GRE 太难,感到非常无助。为了突破第一次 GRE 考试的分数,挑战自我,他使出浑身解数,刻苦刷题,最终取得较为满意的结果。

热爱运动,挥汗青春

他有一个"毕业 1000 千米"计划,即在毕业前,跑步里程数累计达到 1000 千米。他从 2015 年 2 月开始用 APP 记录,截至 2017 年 5 月 7 日,累计完成 907 千米。除了跑步,他还热衷于足球,司职前锋,从 6 岁到 17 岁,平均每场比赛能踢进两球。大一时,他做了一个决定:足球挂靴,转身加入了自行车协会。正是自行车协会的晚训,让他彻底爱上了跑步这项运动。他非常享受在北区小操场一边听歌,一边跑步的状态。游泳也是他的一项爱好,学校的新泳池建成之后,他成了最早拿到深水证的学生之一。他的一位偶像是网球运动员,于是他又加入了网球协会,学习打网球。运动对执行力的提升有显著影响,运动可以帮助我们不断地自我提高和自我鞭策。在学习和生活中我们应竭尽全力,身体和灵魂,同时在路上。

一路走来,他觉得自己很幸运。得到了很多的人的帮助,他由衷地表示感谢。人生要有目标,摆正自己的位置和心态,利用所有的条件,努力实现自我。不言于人,无声于行,为自己坚信的未来而奋斗。

◆ 奋力奔跑的詹才韬

=理想和远方　坚持才能到达=
——记环境学院 2013 级本科生李伟洁

◆ 李伟洁

李伟洁，环境学院水资源与环境工程实验班 2013 级本科生。荣获国家奖学金、82 级水文校友优秀学生奖学金。获评校级优秀学生标兵、优秀共青团员等。获得武汉市海绵城市创意大赛二等奖、中国地质大学（武汉）科技论文报告会（本科生专场）二等奖、寒假社会实践校级优秀个人、暑期"三下乡"社会实践校级二等奖、中国地质大学（武汉）第十届"清朗杯"信息调研大赛二等奖。被评为广东省丹霞山优秀科普志愿者、中国地质大学广播台优秀社员、"世界读书日"阅读写作之星等。已保送至南京大学地球科学与工程学院。

初见李伟洁，腹有诗书气自华是她留给大家的第一印象。交谈中，她的言语间流露出自信和坦然。书香氤氲，落落大方，仿佛她就该这样优秀。可是，她的成功之路也并非一马平川，在迷惘挫折后的磨砺奋斗才成就了非典型学霸。

静坐常思己过

在李伟洁眼中,善于自我反省是快速成长的好方法。初进大一,刚刚摆脱高中苦闷的学习氛围,于是她迫不及待地体验新生活。李伟洁同时加入了3个社团,这占据了她大一的大部分时间和精力,导致她无法协调好学习与学生工作的关系,学年末她的成绩仅位于班内中下游。这让她幡然悔悟,她开始反思自己的学习态度,修正自己的学习方法,进而明确奋斗目标。大二时,她合理规划时间,努力提高学习成绩,她说每天规律的学习让她感到充实。大三时,她初涉科研,作为负责人带领团队成功立项,如地大实验室开放基金项目、校级"英才工程——科学家计划"和环境学院大学生自主创新计划,完成论文并投稿至《地质环境情报》。有志者事竟成,她也终于从"学渣"升级为国家奖学金获得者。"学然后知不足",常常反省的习惯,无疑会帮助她勇敢攀登学习的高峰。

不骄方能师人之长,而自成其学

华罗庚曾说:钻研然而知不足,虚心是从知不足而来的。虚伪的谦虚,仅能博得庸俗的掌声,而不能求得真正的进步。在学习生活中,她认为善于向别人提问能快速提高自己。李伟洁非常感谢曾经帮助过她的老师和同学,因为曾被善意相待,所以她也很乐意帮助别人。她说不必羡慕别人的优秀,每个人都有自己要走的路,没有人在意你的俯视,更没有人会在意你的仰视。李伟洁喜欢"坚韧淡定"这个词,作为处女座的女孩,她做事情喜欢追求完美,"我不认为任务或者工作是负担,既然已经存在,那么就不要在完成它时留有遗憾。"

有诗有梦有远方

李伟洁颇有才气,多年积累的文字功底使她曾在上海世纪出版股份有限公司科学技术出版社担任过科普编辑。她还参加了地大征文和最美笔记活动,并获得一等奖。科研、文学,这看似毫不相关的两者却在李伟洁身上完美融合。她笑言许多科研大师对历史、文化的研究都很深入，比如李四光、钱学森等。"科学家不是工匠，科学家的知识结构中应该有艺术，因为科学里有美学。"她坦言："人生太短，我不想做一个无趣的人，即使黯淡无光，也想用积极的情绪去面对每天的星辰暖阳。"平日里她很喜欢刷剧、健身和旅行，当对生活中的事情有所感触时，她也会用文字记录下一个人的狂欢。理科生的世界也并不总是严谨枯燥，也能有诗有梦。

"放松但不要放纵"，坚持走下去，每个人都能看到光芒。

团队齐心　其利断金
——记学霸寝室

中国地质大学（武汉）南望山校区17栋324室堪称"学霸寝室"。施贺青，以专业第一的成绩考取中国地质大学（武汉）地球物理与空间信息学院硕士研究生；孙吉嘉，保研至中国科学院古脊椎动物与古人类研究所；程荣，保研至同济大学；余浚滔，放弃保研，以优异成绩考取以色列海法大学硕士研究生。

◆ 学霸宿舍成员

一个家庭有家风，一个班级有班风，一个宿舍当然也有团体文化，这对一个宿舍的团队走向非常重要。一种向上的氛围会激励团队成员进行自我价值的挖掘，而消极的氛围则会起到相反的作用。在前进的路上，他们四位互相勉励、携手前行。

热爱学习，一起奋斗

"宝剑锋从磨砺出，梅花香自苦寒来。"一般情况下，21：30南望山校区17栋324室还没亮灯，该寝室的四位同学都还在图书馆埋头苦学。这间寝室的学习氛围极浓，四位同学为了青春，为了梦想，为了未来而奋斗，他们互相分享学习心得，探究学习过程中出现的问题，在不断探讨中强化知识。学习成为他们宿舍生活很重要的一部分，他们乐在学习，乐在生活。

专注科研，共同进步

"昨夜西风凋碧树，独上高楼，望尽天涯路。"这是王国维《人间词话》中描述的事业大成者的第一境界，而17栋324室却是"同上高楼，望尽天涯路"。他们都投身于科学，每个人都参与科研立项，假期会利用学院良好的科研平台，参加各个地区科研机构开展的学习和实践。

施贺青，参与中国地质大学（武汉）国家级大学生创新创业训练计划重点项目"2015年尼泊尔地震影响珠峰垂向变化的大地测量研究"；2015年赴湖北煤田地质物探测量队生产实习（一个月）；参加2016年空间对地观测及全球变化研讨会。

孙吉嘉，成功获批基础科研项目"秋季银杏叶色差异的分子机理探究"；中国科学院大学生创新实践训练计划项目"南方第四纪哺乳动物遗骸的埋藏研究"。

程荣，赴河南洛宁生产实习一个月，负责地质填图、矿井采样及岩芯编录工作；赴广州地球化学研究所实习（一个月），进行大学生科学创新项目"豫西吉家洼-上宫金矿集区蚀变特征研究及对矿床成因的启示"的研究；参加海南省地质局项目"海南岛典型矿床地层构造岩浆岩成矿作用调查评价"生产实习，主要负责云龙岩芯库的岩芯编录取样工作。

余浚滔，成功获批中国科学院大学生创新实践训练计划项目"火星的起源与演化研究"。

四个人都热衷于科研，并且为之努力，"一个人走可以走得很快，一群人走，可以走得更远"，也正是这种浓厚的学术研究氛围使得整个宿舍在科研的路上越走越远。

相处默契，友谊渐深

"路遥知马力，日久见人心。"他们性格迥异，有的比较外向，热衷于社交，有的比较内向羞涩；有的喜欢看球赛，有的喜欢看漫画，有的喜欢旅游，还有的喜欢诗词歌赋。就是这样性格各异的四个人，互相勉励，互相包容，互相理解，一点点学会站在对方的立场考虑问题，最后成为铁哥们。

余浚滔说："四年的相处使得他们不仅仅融入了彼此的生活中，还走进了彼此心里。"在施贺青考研的那天中午，其余三人自发地选择不回寝室以免妨碍他休息，并且不约而同地在考试前半小时打电话叫他起床。这就是默契，这就是感情，也正是这种互相为对方考虑的相处方式，使得他们寝室的氛围更加和谐、默契。也正是这份默契使得他们时时刻刻把室友装心里。试问："遇室友如此，子欲何求？"

"有梦的天空才绚烂，有爱的寝室才温馨。"虽然每个人都有自己的事情要忙，有自己的课程要学，有自己的科研任务要完成，但是无论多忙，他们都会抽时间聚餐、运动……增进室友感情，增强寝室的凝聚力。寝室座谈会，是最让他们开心的时刻，漫威DC的普及、英超的球队、时事政治、网球明星、漫画等，他们是无所不谈的好兄弟。

梦总在远方，想念却停在故乡。无论彼此飞向哪一片天空，总有那些点滴流淌心中，总会感念四年的陪伴与相知。在奋斗的青春路上，愿你我都能收获相知相伴的友情，都能得偿所愿、一路向前。

=矢志不渝　一往无前=
——记机械与电子信息学院 2013 级本科生林可

　　林可，中共党员，机械与电子信息学院机械设计制造及其自动化专业 2013 级本科生。大学前三年学分绩点 4.04。荣获 2013—2014 年国家奖学金，2014—2015 年中国地质大学（武汉）英才奖学金校长奖学金，2015—2016 年中国地质大学（武汉）英才奖学金院士奖学金。第八期校级"英才工程——科学家计划"成员。获得 2015 年全国大学生数学建模竞赛二等奖、2016 年美国大学生数学建模竞赛二等奖、2016 年湖北省机械创新设计大赛三等奖、暑期"三下乡"社会实践校级一等奖、中国地质大学（武汉）机器人大赛二等奖等。担任中国地质大学（武汉）大学生科学技术协会赛事部副部长。荣获省级优秀志愿者、校级优秀共青团干部、校级优秀学生干部、校级优秀学生标兵等荣誉称号。

　　春暖花开，沉寂了一个冬天的老树，也在这时，悄悄探出了嫩绿的芽儿。阳光透过树叶的间隙洒下来，斑驳的光斑洒在少年身上，镌刻出成长的印记。武汉这座城市正在升温，当三月的春风拂过，崭新的人生扉页上，少年意气风发。以梦为马，少年执奋发的长鞭，在追梦之路上砥砺前行。

　　四年时光，足以将这个少年眉宇间的青涩磨平。他在大学这片广阔的天空下自由畅想，勾勒出人生梦想的蓝图。他热爱所学专业并逐渐掌握大学学习的奥秘，也正是这段时光，让他变得成熟、自信。大学这四年的时光里，记载着他铿锵前行的脚印。

大学与专业选择：坚定、确信、矢志不渝

　　林可是武汉人，因对机械非常感兴趣，尤其是机器人，于是他毫不犹豫

地选择了地大，选择了机械设计制造及其自动化专业。

林可觉得，大学对自己来说是一个资源丰富的平台，他能在这里学到各种感兴趣的知识，还能认识一些非常厉害的老师和同学，学习他们的优点以提升自己。

他带着坚定的信心来到地大，确信自己能在大学的舞台上发挥光和热。刚进入大学，他就确立了明确的目标：打好数理基础，努力学习尽可能多的知识，读研究生，争取保研名额。大学期间他希望自己能提高学习成绩并参加一些社会活动和学生工作；参加一个国家级的竞赛；多参与科研项目等。

专业课程学习：培兴趣、储精力、勤思考

教育家赞科夫曾说："对所学知识内容的兴趣，可能成为学习动机。"而伟大的精力源于伟大的目的。当我们拥有前进的目标时，思考则成为我们能否实现目标的关键。真知灼见，首先来自多思善疑。思考可以构成一座桥，让我们通向新的知识。

对于专业课程的学习，林可总结为六个字：兴趣、精力、思考。兴趣为动力，精力为前提，思考为关键。他的梦想是成为一名卓越的机械工程师。所以，大一时他学习就很努力，学习兴趣浓厚，分配了很多精力在学习上。但是林可也坦言，那时候他只知道做题还不太会思考，没有掌握比较好的学习方法，所以大一学得比较累，效率也不高。

后来，他逐渐意识到，学习不仅仅是为了应付考试，更重要的是能够从学习过程中真正学到知识。大二时，他调整了学习方法，减少做题数量，注重对知识点的理解和思考。虽然思考的过程很痛苦，但他认为很值得，掌握新的知识点是很有成就感的，并且有利于提纲挈领地理解整本书的内容。到了这个阶段，他的学习效率明显提高，不仅学得好，考试成绩也较理想。

林可很重视课前预习。他认为预习是大学学习阶段必须养成的一种习惯。对于很难的课程，他的预习进度一般会比老师的授课进度快一章，寒暑假也会提前学习下个学期的课程。他的复习方法主要是做书本课后的题目。在考前他会总结本学期的学习内容，按照教材上的知识点整理出一份笔记。当他遇到问题时，会首先去网上或者图书馆查阅资料，或是换一本教材，看看不

同作者对某个知识点的看法。其次，课后向老师和同学请教。

学科竞赛与科技创新：山重水复疑无路，柳暗花明又一村

光有理论知识是不够的，还必须加以运用；光有愿望是不够的，还应当行动。除了学习，参加科技创新活动也是大学学习必不可少的。通过实践，才能更好地理解理论知识，才能更好地运用知识。

林可在大学期间参加了"挑战杯"大学生课外学术科技作品竞赛，申请了开放性实验基金，参加了中国地质大学（武汉）机器人大赛，第八期校级"英才工程——科学家计划"成员，并且还参加了学校的数学建模通选课及暑期集训。林可认为，科研活动是专业学习的一部分，实践和教材理论学习是同等重要的，他将这两项同等看待。

在准备学科竞赛过程中，他曾遇到过很多专业上的问题，有些是因为自己专业知识储备不够而无法解决。遇到这种情况时，他觉得要么简化问题分析，要么查阅资料快速补充理论知识。他曾遇到过因前期设计不合理，导致后期推翻方案重新设计的情况，但他没有气馁，迎难而上，投入更多的时间和精力完成了项目。

在实践过程中，他认为最重要的是时时刻刻都要抱有希望，遇到很难解决的困难也不要轻易放弃。令他印象最深的一件事情发生在数学建模集训期。有一次模拟比赛，是关于预测问题，三天之内要提交一份解决问题的报告。在没有头绪的情况下，即使他和队友搜索了很多资料，翻阅了很多书籍，也没想到一个好的解决办法。当一天时间过去了，四个问题连第一个问题都没解决时，他和队友感到很绝望，甚至想放弃比赛。但是他们最后坚持了下来，并想到解决问题的办法，最终他们取得了不错的成绩。

学生工作与社会活动：责任心、责任感

参与学生工作和社会活动，是提升综合素质的一种方式。学生不仅要学好专业知识，动手进行实践，还应该注重综合能力的培养。

在学生工作方面，大一时林可担任大学生科学技术协会赛事部干事，大

二时他担任中国地质大学（武汉）大学生科学技术协会赛事部副部长。对于学生工作，他认为最重要的就是具有高度的责任心和责任感，不能应付老师嘱托的工作，更不要应付有困难的同学。在工作过程中要学会换位思考，尽可能站在服务对象的角度思考问题。在工作开始前，理清工作脉络，想清楚了再执行，让工作变得简单高效。

他也曾参与两次省级志愿活动，一次是在青少年高校科学营中担任志愿者，另一次是在湖北省大学生创业大赛中担任志愿者。他觉得，开展学生工作和参与社会活动时，要多为服务对象着想，只有具备了这种责任意识，才会积极主动地与他人沟通、了解他人的想法，把事情做到尽善尽美。

"星空美好，我们胸怀壮志、挥洒豪情；前路漫漫，我们不忘初心、砥砺前行。"这句座右铭一直镌刻在他的心中，激励他在追梦路上砥砺前行。相信未来的他，必将绽放更夺目的光彩。

=以梦为马 不负韶华=
——记机械与电子信息学院 2013 级本科生周子豪

周子豪,机械与电子信息学院机械设计制造及自动化专业 2013 级本科生。学分绩点位列专业第一。荣获 2013—2014 年国家奖学金、2014—2015 年中国地质大学(武汉)英才奖学金校长奖学金。获评 2013—2014 年校级优秀学生标兵、2014—2015 年校级优秀学生干部、校级优秀共青团员(连续 2 次)、校优秀共青团干部,

◆ 周子豪

机电学院学习优秀个人(连续 4 次)、机电学院优秀学生、特殊才能奖、机电学院社会工作优秀奖优秀学术记者、"机电十大影响力"人物。在校期间担任班长、年级工作组组长、校报记者团副团长。荣获 2016 日本优良设计奖(Good Design Award 2016)、全国大学生机械创新大赛省赛三等奖。赴新加坡南阳理工大学参加访学交流活动,并代表团队在最终答辩中获最佳团队奖称号。国家级大学生创新创业训练计划项目成员,拥有国家发明专利一项、实用新型专利一项。"在武汉"摄影大赛一等奖、"聚焦地大"摄影大赛学生组二等奖、"梦想中国·影像校园"摄影大赛学生组二等奖。

顾城在《执者失之》里说过,"我想当一个诗人的时候,我就失去了诗,我想当一个人的时候,我就失去了我自己。在你什么也不想要的时候,一切如期而来。"追随本心,随遇而安,随心而至,不去用条条框框来限制自己,不去盲目追逐而迷失自己,用洒脱和淡然去收获一路风景。

应无所往，而生其心

佛理常说，无所留恋，才能顿悟人生。没有太多的设定和规则，也许更能轻装前行，无所负担。周子豪在大学期间成绩一直不错，很多人都称他为学霸、学神，他却从没把自己当作一个学霸。他认为，周围有些同学误解了学习与成绩的关系，把两者混为一谈。当被问起取得这样的成绩有什么诀窍时，他的回答是——不去追求成绩，取得优异的成绩固然是好事，但我们不应该仅仅把成绩当作目标去追求，正所谓"求之不得"，对于知识的渴求才是最重要和最本质的。

大一的时候，周子豪担任班长，他一直记得第一次班会时，班主任让班里每一位同学都谈一下对班长的期望，有一位同学说班长应该是成绩最好的，在学习方面起带头作用。这句话给他留下了深刻的印象，甚至成了一个小小的执念。面对来自五湖四海的同学，他并不知道自己能达到什么位置，只是身为班委，感觉有种责任和动力始终在鞭策自己，因此在学习方面他从未懈怠，春种秋收，在乎的是学习的过程，而不是对结果的盲目追求。

积极参与，得偿所愿

匆忙赶路，错过沿途风景，才是旅途最大的遗憾。学习固然是大学生的首要任务，但却并不是大学生活的全部。进入大学之初，他就加入了学生会和感兴趣的社团，当问其初心是抱着试一试的心态去参加面试，还是觉得主席、社长的职位光彩照人时，他说两者兼有吧，但当他加入学生会和社团后，学生工作和各类活动占据了他绝大部分休息时间。他开始反思自己真正热爱的是哪些工作，想获得的又是什么。于是他在大一下学期选择留在社团发展而退出了学生会，正所谓"不得求之"。大三的时候他成为校报记者团的副团长，在社团的这几年，他见证了摄影部这个年轻部门的成长和发展，见证了社团一路从校级十大标兵社团发展为湖北省标兵社团的艰辛。

坚持所爱，不期而遇

马云曾说："梦想还是要有的，万一实现了呢？"他不完全认同这句话，但应当拥有梦想这个观点，却是值得认同的。即使有些事情没有上升到梦想层面，我们也应该坚持自己的兴趣。他对摄影与设计很感兴趣，周围所有同学都知道这一点，因为总能看见他背着相机走在路上。摄影可以满足他强烈的表达欲，在工作和生活中，有意无意记录下的点点滴滴，不仅仅是图像的呈现，更是光阴的写实，凭借这些照片他还获得了"梦想中国·影像校园"摄影大赛学生组二等奖、"在武汉"摄影大赛一等奖的荣誉，他的视频作品曾被武汉广播电视台采用。在设计领域，周子豪也有所尝试，他与两名工业设计专业的同学一起完成的设计作品，获得了 2016 日本优良设计奖（Good Design Award 2016），并与全球 1200 件获奖作品一起在东京 Midtown Tower 进行了展出。学校和学院官网也对此次国际比赛的获奖进行了报道。他说："我们不应被标签化、符号化，生活有无限种可能，所学专业之外仍有广袤的天地值得为之保持兴奋。"

如果把结果当作追逐的目标，其实就是一场悲剧的起点，我们应该去看山河湖海，感受万千风情，不断吸收新的能量去充盈学习和工作，保持旺盛的求知欲，在属于自己的时区里不慌不忙地走向终点。

坚持源于热爱
——记地球科学学院 2013 级本科生周辰傲

周辰傲，地球科学学院（以下简称地学院）地质学专业 2013 级学生。学分绩点 4.06，多次获得专业第一。荣获国家奖学金、中国地质大学（武汉）英才奖学金校长奖学金、锐鸣校友奖学金。2016 年代表我校参加第四届全国大学生地质技能竞赛获团体一等奖、地质技能综合应用竞赛一等奖、地质标本鉴定竞赛二等奖、野外地质技能竞赛优胜奖；2017 年荣获校级十大标兵学生、校级优秀学生标兵、校级优秀学生干部、校级百名好班长等荣誉称号。除此之外，在社会

◆ 周辰傲

实践方面，获得校级优秀团队的称号。在文艺体育方面，获得校短剧大赛二等奖，多次代表学校参加跆拳道省赛，并获得第一名、第二名的好成绩。担任地球科学学院 x11131 班班长近 4 年。2014—2016 年，任地球科学学院"脱机行动"责任小组组长。已保送至北京大学地球与空间科学学院矿物学、岩石学、矿床学专业直接攻读博士学位。

地质之爱，情有独钟

古人云："知之者不如好之者，好之者不如乐之者。"兴趣对学习有着神奇的内驱动作用，可化低效为高效。周辰傲，一名青春洋溢的女生，却对地质情有独钟。于她而言，畅游于地质世界是一种享受。大二，随着专业课增

多，神奇的地质世界深深吸引了她，常人看来枯燥无味的石头在周辰敖的眼里却生动有趣。对地质世界的深深热爱，让她的专业课学习也更加得心应手。

2016年第四届全国大学生地质技能竞赛在我校举行，这是一项专门面向地学类专业大学生的竞赛活动，我校精心组织参赛队伍，经过层层选拔、残酷淘汰和不断磨炼，周辰敖从众多报名选手中脱颖而出，代表我校参赛。比赛虽然只有短短3天，但为了这一刻，我校20多名师生早已展开了长达一年的艰辛比拼。地质填图、野外勘查、标本鉴定……一招一式、分秒必争。"自从参加培训以来，再也没有周末，没有假期。地质填图需要选手十几小时注意力高度集中，野外勘查更是到野外一干就是一天……"周辰敖坦言，作为团队仅有的两名女队员，她严格要求自己，绝不搞特殊化，经过努力拼搏，巾帼不让须眉，最终团队取得了不俗的成绩。在这场高手争锋的比赛中，周辰敖用赛场上挥洒自如的优异表现和台前幕后洒下的汗水，诠释着永不褪色的地质梦。

以梦为马，不负韶华

冰心曾说：成功的花，人们只惊羡她现时的明艳！然而当初她的芽，浸透了奋斗的泪泉，洒遍了牺牲的血雨。除了对地质的热爱，让她取得如此傲人成绩的，还有课下投入的大量时间和精力。提及如何学习时，她认为，首先要对自己有明确的定位。有多高的定位，便应付出多大的努力。另外，高度的自觉性对一个人十分重要，大学生拥有了更多的自由，要自觉地管理好自己，自主学习，合理安排好学习与工作。

在个人取得优秀成绩的同时她还带领同学们共同前进。作为班长，大一时针对课堂玩手机现象，她向学院团委提出了"脱机行动"的倡议，在其号召下，地球科学学院坚持执行该倡议，从最初学生不理解，到逐步获得学生的认可，到最终该倡议收到良好效果，地学院的老师纷纷为她的倡议点赞。

靡不有初，鲜克有终

靡不有初，鲜克有终。很多人做事情都会虎头蛇尾，很少能坚持到最后，但周辰傲担任班长工作后，一干就近 4 年。班级日常的琐事，她都能处理得井井有条。自 2014 年 3 月，加入学校跆拳道社团后，她便一直坚持早训、晚训，日复一日的坚持，使其技术快速提升，在 2015 年华中区大学生跆拳道社团精英赛获得团队品势第一名、混双品势第二名、个人品势第二名的好成绩。

　　河蚌忍受沙砾的磨炼，终孕育绝美的珍珠；铁剑忍受烈火的赤炼，终炼锋利宝剑。周辰傲，这个坚毅勇敢的女孩，经历大学四年的艰苦学习，终实现儿时的梦想，保送至北京大学。

=谦逊学习　创精彩人生=
——记信息工程学院 2015 级本科生陈鼎元

陈鼎元，信息工程学院测绘工程专业 2015 级本科生。担任 115153 班班长。荣获 2016 年国家奖学金、2017 年中国地质大学（武汉）英才奖学金院士奖学金。获得第十届"中海达杯"测绘技能大赛一等奖、2016 年全国大学生数学竞赛三等奖、2017 年第八届"蓝桥杯"全国软件和信息技术专业人才大赛省赛三等奖、校数学和物理竞赛一等奖等奖项以及信息工程学院优秀共青团干部和百名好班长等荣誉。

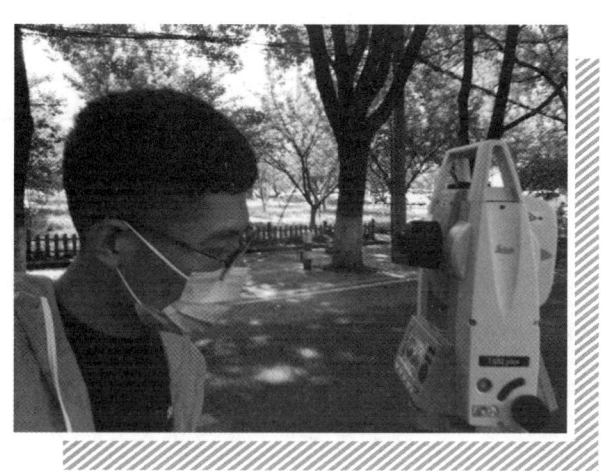

◆ 陈鼎元

坚定方向，砥砺前行

人生的答卷上有太多的选择和可能，也许我们所做的选择并不是最完满的，但是只要我们用心做出选择并坚定地走下去，就能无悔于这个选择。从进入大学开始，陈鼎元就知道自己想要什么，并坚定地选择了自己未来前行的方向。他说，测绘工程这条路他想一直走下去，未来他还想去武汉大学的测绘遥感国家重点实验室求学，延伸自己的测绘工程路。为此，他积极投身科研实践。大二时参加了学院的产学研项目、大学生创新创业训练计划项目、英才工程、科学家计划等实践活动，这些经历很好地提升了他的自学能力和科研能力。

对于学习，他有自己的方法，那就是高效利用时间。上课的时候，他会积极和老师沟通互动，熟悉和掌握课程知识。当然，除了专业知识外，他还会学习老师严谨的治学态度。没课的时候，他经常会去图书馆自习，在看书学习中不断探索新知。此外，在他看来，大学学习更重要的是培养学生灵活的学习思维和综合学习能力，同时还要注意学以致用，投身实践。

精彩人生，自己创造

人生就像一场没有剧本的电影，每个人都是自己人生电影的主角，由自己勾画剧情的走向。陈鼎元在自己的人生戏路上，并不只选择学习作为自己呈现的内容，他也积极展现自己的其他方面的才能。他曾担任过班长、助理班主任等学生职务，还曾带领全班同学并联合其他班级组织义卖活动——"南望之旅——彩石相伴"。丰富的学生工作和社会实践经历让陈鼎元的大学生活变得绚烂多彩。他说："学生工作带给他的不是手忙脚乱，而是更加科学高效的学习方式。"

在学习和学生工作之余，陈鼎元还有自己的兴趣爱好。他加入了学校的民乐团，学会了演奏二胡，还曾跟随社团参与湖北大学生艺术节的演出。在他看来，在努力前行的过程中要学会享受生活，品味乐趣。

心怀感恩，谦逊学习

学会感恩，是一个永恒的话题和主题。对于陈鼎元来说，他感恩大学时期遇到的每一位老师，从他们身上，他学习到了严谨的治学态度和豁达的共享精神。

在同学们心中，陈鼎元是一个谦逊的人。他并没有因为自己的领先而孤高自傲，相反，他经常带领宿舍的同学一起学习，毫无保留地将自己的学习经验与方法分享给他人。他还积极发挥自身的优势来帮助学弟学妹，比如，作为115171班的助理班主任，他经常给学弟学妹分享学习经验，帮助他们规划好大学生活。感恩、谦逊、努力……正是这些优秀的品质，造就了优秀的陈鼎元。

书山有路勤为径　学海无涯苦作舟
——记地球物理与空间信息学院 2014 级本科生王康

王康，地球物理与空间信息学院勘查技术与工程（勘查地球物理方向）专业 2014 级本科生。平均学分绩点 3.92（2014、2015 学年）。获 2014—2015 年国家励志奖学金、2015—2016 年国家奖学金。担任 061143 班学习委员。被评为校级优秀学生标兵，并连续两年获得校级优秀共青团员称号。获校物理竞赛一等奖、数学竞赛三等奖，在全国大型公益活动"八瓣格桑花行动"中表现优秀获得优秀个人称号，获得院羽毛球赛双打季军，秭归地质实习"优秀个人"。

◆ 王康

书山有路勤为径

时间就像海绵里的水，只要愿意挤，总还是有的。时间规划对于大学生而言尤为重要，王康深谙这一道理，他认真规划每一门课程，总能有条不紊地安排好自己的学习时间，并且按时完成任务。他经常会给自己一个小鼓励，如完成这些学习内容我就去打球，这样学习起来更加轻松高效。

"读书之法，在于循序而渐进，熟读而精思。""循序而渐进"即不可急于求成，浮躁是学习最大的敌人，当然了，也只有耐心地琢磨每一个知识点，才能做到"熟读而精思"。遇到问题不要急于问老师，经过反复地思考，对该问题有了一定的认知后,再去和老师详细讨论,学习效果才会更好。

"读书破万卷,下笔如有神。"古往今来,大部分有所成就的人都爱看书,王康热爱读书,通过读书来扩充自己的专业知识,也正因如此,他的知识储备丰富、知识面广泛。

天生我材必有用

"自信是成功的第一秘诀。"王康深信:自信是一切动力来源的前提,而坚持才能走到最后。初入大学,王康并不擅长所学专业,学起来很吃力,但是他自信地面对自己不擅长的学科,坚信自己可以成为最棒的,他一步一个脚印,最终成为班级的佼佼者。

大学中很多同学缺乏自信,而王康善于发现自己的优点,并且每逢他失去信心的时候,他总是会给自己心理暗示:"我很棒!我能行!"就这样,王康越战越勇,他更加阳光自信,收获了充满韧性的非凡成长。

物聚于所好

在很多人眼中,学霸的兴趣爱好就是学习,但是,王康除了热爱学习,也热爱网球,关注网球球赛成为他日常生活中必不可少的一部分,约朋友打球也成为他高效学习的动力。

很多人没有办法很好地协调学习和兴趣爱好之间的关系,而王康,学习的时候专心致志,充分利用自己效率最高的阶段创造最好的学习效果;疲劳的时候通过打球、跑步释放压力,劳逸结合、张弛有度的学习方式使他的大学生活幸福感满满。同时,参与各类活动也扩大了他的交际范围,交到了一群志同道合的朋友,为他的大学生活增色不少。

大学生活五味杂陈,王康无论遇到什么,总是习惯性地扬起嘴角,自信地面对一切。绅士而又不失英气,温润如玉而又个性鲜明,细腻周到而又威严大气,王康,以自己充实高效的生活经历演绎了大学生活的真谛,细致严谨、认真负责的他在生活中的点点滴滴感染着身边的每一个人。

生活总是在不断地追求中度过，在大学四年里，每个人都会经历失败的痛苦，品尝成功的喜悦，也正是在这种不断追求生活目标的过程中，我们才感受到大学生活的丰富多彩。王康，无疑是我们的榜样，我们也应该自信地面对生活中的一切，让我们的大学生活绽放不一样的光彩。

心怀凌云志　少年意昭昭
——记经济管理学院 2014 级本科生李鑫航

◆ 李鑫航

李鑫航，经济管理学院工商管理专业 2014 级本科生。荣获 2014—2015 年 Friction one 经管奖学金。获得校级优秀学生、优秀共青团员、优秀共青团干部、学院文化建设先进个人等荣誉称号以及"清江野渔杯"湖北省大学生营销策划挑战赛华中赛区优胜奖、2015 年校数学竞赛一等奖、武汉大学第十一届时事政治案例分析大赛——中国地质大学（武汉）选拔赛一等奖、中国国际"互联网＋"大学生创新创业大赛省赛铜奖、暑期"三下乡"社会实践校级一等奖、信息调研大赛校级一等奖等奖项。

目标明确，有的放矢

诸葛亮有言：夫君子之行，静以修身，俭以养德。非淡泊无以明志，非宁静无以致远。李鑫航自进入大学就已规划好四年大学生活并将保研作为其学习的大目标，她争分夺秒地用知识武装大脑，不断完善自己，用学生工作提升自己的能力。

为此，她将大目标拆分为三个小目标，稳扎稳打、各个击破。她的第一个目标：勤看书，勤运动。"读书破万卷，下笔如有神"，唯有用知识武装的大脑才更加强大。学习上，她跟随老师的脚步认真学习并领悟书中的精华，扎扎实实打好基础，她时常在图书馆遨游于知识的海洋，经过不懈努力，学分绩点达到4.03。与此同时，运动是生命的源泉，劳逸结合、全面发展才是正途，她不忘每天跑步锻炼，增强身体素质，提升学习效率。

第二个目标：丰富生活。因为热爱文学，喜爱写作，李鑫航加入了校报记者团文学部，用笔墨描绘生活；同时为了提高沟通能力及为人处世的能力，李鑫航加入了校学生会学术部，在服务同学的过程中不断提升自己。

第三个目标：积极参加社会实践和科技创新活动。在保证学习的前提下，李鑫航参加了各类社会实践比赛，并参加暑期"三下乡"社会实践，参与支教活动，勇于奉献，积极学习，综合素质得到提升。除此之外，她还积极参加"学术领航"等学习活动，主持参与2016年国家级大学生创新创业训练计划项目，并取得了十分优异的成绩。

不忘初心，方得始终

永远都不要为了目的而忘了初心，就像给风命名的，不是它要去的方向，而是它来时的方向。目标的存在只是为了更好地找到未来的方向，而初心才是生活的根本。不忘初心、不忘根本，才能走得更远。刚入大学，李鑫航树立的学习目标之一便是保研，并为此制订了三步走计划，即使在取得成绩之后，李鑫航依然不骄不躁，始终谨记初心，并为此坚持不懈地努力着——努力学习，努力充实自己，努力做科学研究，努力做社会实践，一步步走向目标中的远方。

勤勤恳恳，脚踏实地

"成功的秘诀就是每天比别人多努力一点。"李鑫航从来不怕苦——支教不怕苦，即使身体和心理都受到巨大挑战，她依旧坚持到最后；学习不怕苦，不管遇到多大的挫折，都能迎难而上；做科研不怕苦，不论知识有多繁琐难懂，她都能坚持始终。她的坚持努力，让她的大学生活更加充实、更加丰富多彩。

李鑫航认为，生活需要目标，有目标就有希望；人生最可贵的财富是不忘初心，不负自己；勤奋是成功的基石，只有脚踏实地、坚持努力，才能实现目标。李鑫航以饱满的精神和奋斗的姿态昂扬向前，努力奋斗，以期实现自己的奋斗目标。

在生活的画卷中，偶尔抹上一道灰色，并不预示着失败与沉沦，重要的是，能在灰色中提取绿色的希望。任何时候我们都应怀着美好的心态去面对大学生活，因为生活的征程有时会坎坷不平，但成功的大门对任何人都是敞开的！

=不断超越　遇见更好的自己=
——记艺术与传媒学院 2015 级本科生邱犇

邱犇，艺术与传媒学院广播电视学专业 2015 级本科生。学年平均绩点 3.99，位列专业第一。荣获国家奖学金、中国地质大学（武汉）英才奖学金院士奖学金。获得全国大学生英语竞赛二等奖，艺术与传媒学院"新生杯"辩论赛冠军、第十九届校辩论赛八强、最美宿管征文活动校级一等奖、"笔绘山河脉 记传报国心"地大笔记评选活动校级特等奖、湖北省"楚天杯"美文大赛一等奖以及大学生通讯社（校广播台）校级先进个人、2017 年校级优秀共青团干部荣誉称号。

◆ 邱犇

前记

泰戈尔曾说过：只有经历过地狱般的磨砺，才能练就创造天堂的力量；只有流过血的手指，才能弹出世间的绝唱。邱犇一直相信，虽然付出并不一定有回报，但不付出，连回报的机会都没有。真正的强者，都是被逼出来的。不逼自己一把，怎能知道自己有多优秀呢？因此，要想取得优异的成绩，就必须放手一搏，同时，相信自己，要有"天生我材必有用"的信心，要有不到最后不罢休的精神，要有逐鹿中原、舍我其谁的信念。

在磨砺中成长

大学，是懒惰者的"天堂"；也是勤奋者的"地狱"。邱犇没有安于享乐，而是选择努力学习，拼搏奋斗，最终成为同学们口中的"学霸"。

在一般人看来，学习的过程是孤独的，如苦行僧修行一般。但是邱犇并不这样觉得。他说："我认为学习是一个不断追求进步的过程，当你有了目标并朝着目标不断前进时，你会发现学习并不是一件枯燥的事情，而是一件十分有趣，能够源源不断为自身提供动力的事。"可以说，在学习的过程中，邱犇将磨炼转化为动力，在成长的道路上不断前进。

挫折是人生的必修课

邱犇说，他的专业是广播电视学，所以他的目标是赴中国传媒大学继续深造。虽然高考时曾与之失之交臂，但也许未来的某一天，他能与这所大学亲密接触，弥补自己曾经的遗憾。

虽然追求成功的道路上我们会经历挫败，但是这些挫败不可能真的让一位勇者止步不前。邱犇曾经因4分之差未能考上理想的大学，面对一时的挫败，他没有止步不前，而是在大学里抓住每一个机会，不断努力，在奋斗中成就更优秀的自己。

◆ 邱犇

学霸秘籍

大一时，我们或多或少都在平衡学习与学生工作时遇到困难。而邱犇对此有自己的解决方法，他说："首先要慢慢适应奔波于学习和学生工作之间的这种状态，在不断实践的过程中慢慢摸索，找到方法之后就可以保持两者的平衡了。"虽然邱犇也担任多项学生工作，但是他清楚自己是一名学生，因此他会把学习放在首位，在此基础上依据自己的能力去处理学生工作。

　　求学之路，我们要有目标、有追求，为了自己的目标不断去追寻，也希望同学们都能为实现目标而努力奋斗，与优秀者同行，遇见更优秀的自己。

=宁静致远 掸衣故清辉=
——记经济管理学院2014级本科生徐梦峣

徐梦峣,经济管理学院统计专业2014级本科生。担任088141班团支书。荣获2015年优秀共青团员、2015年校级优秀学生标兵、2017年优秀共青团干部等荣誉称号。所带队伍曾获寒假社会实践校级优秀团队、信息调研大赛一等奖等。成功保研至武汉大学。

◆ 徐梦峣

因为年轻,所以奋斗

奥斯特洛夫斯基曾说,生活赋予我们一种巨大的和无限高贵的礼品,这就是青春:充满着力量,充满着期待、志愿,充满着求知和斗争的志向,充满着希望和信心。正因为青春正好,所以我们需要努力奋斗;正因为当下年轻,所以我们更有激情和力量。青春不是资本,而是我们需要更加努力的原因。一进入大学,徐梦峣就知道自己想要的并不是悠闲安逸的大学生活,而是在这有限的大学四年时间里学习、奋斗和努力成长。在她看来,大学的自由与多彩正是在无限的努力和奋斗中体现出来的。她除了积极完成课业目标之外,还积极参加各类比赛和社会实践项目,均取得了优异的成绩。在参与过程中,通过向学长学姐学习,她的综合素质和专业能力都得到较大提高,丰富了自己的人生经验。此外，为了充实大学生活，她还加入了灵韵笛箫社、跆拳道校队，在社团活动和体育竞技中收获了友谊与快乐。

学会学习，也要学会发展自己的兴趣

在徐梦峣眼中，学习永远是她大学生活的重心。她的学习之道在于：一是找准学习之地。在她看来，图书馆永远是非常适合学习的场所，她每天在图书馆里静心学习，并通过图书馆的书籍不断拓宽自己的知识面。二是找准学习的重点。她认为，专业课程的学习无疑是重要的，学好专业课程、掌握专业知识，可为未来的职业发展打下坚实的基础。在徐梦峣的学习和生活中，除了投入大量时间和精力在课业学习

◆ 徐梦峣

上，她还积极参与学生工作和社会实践活动，如积极组织和参加班级活动，带动班上同学和室友共同学习；参与盲校支教、学校迎新等志愿活动，奉献自己的力量，把自己的热情和快乐带给身边的每一个人，也收获了更多的成长与历练。此外，她表示，在与同学的相处中，要学会看到自己身上的不足和他人身上的优点，进而学习他人、完善自己，这也是学习的要道之一。

在学习的过程中，徐梦峣也慢慢地发展了自己的兴趣。除了参加笛箫社和跆拳道校队之外，她还接触和学习了与中国古典文化相关的知识，如古典字画、中国舞等，不断充实自己、提高自己。

遵循本心，青春无悔

徐梦峣说：我有时觉得，自己的青春似乎太过平凡，学习、参加活动、逛逛街、看看剧、做做自己喜欢的事情……青春虽然美好，但无论哪一种过法，都会留有遗憾，最关键的是认真想一想自己内心想要的是哪一种生活。即使每个人的青春故事都不同，只要能够遵从心中所愿，并伴随着青春时期的努力和奋斗，那么这样的青春一定是精彩的，而结局也一定是美好的。

朝乾夕惕　笃志好学
——记经济管理学院 2014 级本科生罗杨

罗杨，经济管理学院市场营销专业 2014 级本科生。平均学分绩点 3.57，排名专业第二。2015 年获得"地大杯"羽毛球赛团体赛一等奖和优秀志愿者荣誉称号。2016 年获得暑期"三下乡"社会实践校级一等奖、百名好支书和暑期社会实践省级优秀团队荣誉称号。2017 年获得中国国际"互联网＋"大学生创新创业大赛省赛铜奖、"农商银行杯"宜昌赛区二等奖、"无极道杯"第三届中国"互联网＋"大学生创新创业大赛校赛优秀奖等。此外，她还在大四时获得了 2014 级市场营销专业的第一个国家奖学金。

罗杨是位"后来居上"的学霸，她由一开始的平凡走向后来的熠熠闪光，这期间发生了什么呢？让我们走进她的故事。

不迷不惑，化茧成蝶

"不乱于心，不困于情，不畏将来，不念过往，如此，安好。"丰子恺的这句话形象地描绘了罗杨的大学生活。在很多人看来，罗杨的大学之路似乎走得很顺利，事实上所有看似轻而易举的背后，都是竭尽全力的付出。大学第一年，由于没有目标，罗杨感到"无所适从"；大二，她确定了自己未来的努力方向——考研或争取保研的机会，于是她明确目标，努力提高学分绩点。大三时，为了专心学习，罗杨曾试着待在学校三个多月，在此期间未踏出校门一步，并且每天学习到凌晨一两点。别人可能只看到她的优秀和耀眼，而忽略了优秀背后她付出的艰辛努力。

"鱼"与"熊掌",相得益彰

在一般观念里,大学创业就业与考研是两个对立的选择,但是罗杨却做到了两者兼顾,相得益彰。罗杨的创业之路其实始于一次偶然的机会。在朋友的带领下她第一次来到"叶画"的办公室,因为第一眼就喜欢上了那里的作品,所以她加入了"叶画"的团队。进入团队后,罗杨付出了很多,也收获了很多,在她看来,她这四年做出的最令自己骄傲的选择,就是加入了鸿源思创团队。他们曾在暑期冒着酷暑,在办公室整整待了大半个月,只为商量出一个实用可行的商业模式;他们也曾花了半年时间,请教各大高校的导师和学生,只为研发出适合"叶画"使用的纳米薄膜。创业路上,他们有过沉寂,也一度被人误解,但是他们从未放弃,在她和她的团队看来,真正的强者不会质疑自己的能力。

学霸秘籍

罗杨说:"一个真正成熟的人不会畏惧寂寞,我们需要朋友,因为能接触更多新事物,但我们也需要寂寞,这有助于我们独立思考与成长。"关于学习,就罗杨而言,她现在所获得的成绩离不开她的学习方法和良好的学习习惯。第一,善于做每日计划。把每天要做的事情写在便利贴上,然后将其贴在宿舍桌子上,时刻提醒自己。第二,上课认真听讲。老师所传授的知识是其结合多年的教学经验,以及社会经验的心血结晶,有时老师一句话点破的道理,可能学生花费几个小时都无法悟透。第三,拥有明确的目标,人生就像航海,做一艘有方向的船,主宰自己的人生。

大学四年,是一个沉淀的过程,在大学里,不论是从容不迫、有条不紊地走过每一步,还是在确定目标后全力以赴、拼尽全力为之奋斗,这些经历都是我们宝贵的人生财富。没有人是不可超越的,正如诸葛亮所说,不宜妄自菲薄,引喻失义,每个人都有自己的闪光点,都能通过努力实现自己的梦想,因此要相信自己,勇往直前。

梦想种在心上　开出新的芬芳
——记经济管理学院 2014 级本科生陈惠琴

陈惠琴，经济管理学院工程管理专业 2014 级本科生。荣获 2015 年英才工程奖学金、2015—2016 年国家励志奖学金。获得第三届中国国际"互联网＋"大学生创新创业大赛省赛铜奖；被评为 2015 年优秀共青团干部、2016 年全国高校互联网应用创新大赛"服务天使"。成功保研至中南大学。

◆ 陈惠琴

一颗心，指引梦想的方向；一道光，照亮心中的天堂。梦想种在心上，开出新的芬芳，年轻的她，正飞越高山和海洋，为梦远航。

确定目标，不懈努力

谈及个人发展，她说："要尽早确定好自己的目标，为成为理想中的自己而努力。"大一时，她就勾勒出了未来的大致轮廓。谈及学习，她觉得兴趣是最好的老师。除了学好专业知识，打牢基础，更要积极关注专业前沿动态，在课后积极拓展知识面，不断提高和增强自身的专业素养和专业能力。课余时间，她会尽可能多学一些自己感兴趣的知识，不断地拓展知识技能，拓宽自己的视野。

心之所向，一往无前

当很多人抱怨学生工作耽误学习，并陆陆续续选择退出时，陈惠琴却从部员一步步成长为部长、成长为主席团中的一员。谈及如何协调好学习和学生工作之间的关系时，她说："合理安排自己的学习和工作时间，做到'运筹帷幄之中，决胜千里之外'。"然而，工作过程中总会有困难和挑战。过去，她曾在"我是偶像"活动中，首次担当总导演的重任。工作过程中，尽管遭到过不理解、质疑，但她仍坚持做到尽善尽美，用更多的汗水和付出来证明自己。于她而言，学生工作不仅是责任，更是情怀；不仅是历练，更是成长。

◆ 陈惠琴

与你们相遇，好幸运

在陈惠琴的成长历程中，她结识了很多朋友，在学习和生活上他们互帮互助、共同成长。她说，在她想要放弃时，是他们为她燃起坚持下去的星星之火；在她不知所措时，是他们给她指引了明晰的方向。不管是和同学一起参加比赛，为了完成一部作品而四处奔波，为了完成一项工作而一起熬夜苦战，还是外出实习时遇见地大校友，面试时偶遇暖心的地大学长，都让她感到很幸运。她说，是他们，鞭策自己更加优秀，也让自己前行之路的风景更加美丽。

"人生路上风景无数,再忙也别忘记了驻足享受。"这是陈惠琴给学弟学妹们的寄语。学姐嘱托:追梦路上,策马奔腾之时,别忘了去发现并享受属于你的温暖和精彩生活。

既然选择了远方　便只顾风雨兼程
——记经济管理学院 2014 级本科生陈卓

陈卓，中共党员，经济管理学院信息管理与信息系统专业 2014 级本科生。中共党员。荣获 2014—2015 年、2015—2016 年国家励志奖学金。获得 2015 年暑期"三下乡"社会实践校级二等奖，2016 年"清江野渔杯"湖北省大学生营销策划挑战赛优胜奖，2017 年"知名企业人才需求"社会实践调查活动校级二等奖、2017 年"无极道杯"第三届中国"互联网＋"创新创业大赛校赛优秀奖等荣誉。她还被评为 2015 年仙桃市"希望家园"活动杰出志愿者。

◆ 陈卓

不惧未来，勇敢前行

"我不去想是否能够成功，既然选择了远方，便只顾风雨兼程；我不去想身后会不会袭来寒风冷雨，既然目标是地平线，留给世界的只能是背影。我从不停留，也不后退，用青春的灵魂，行走在筑梦的路上。我什么都没有，唯一的本钱就是青春。梦想让我与众不同，奋斗让我改变命运。"

大学期间，陈卓的改变非常大。以前的陈卓性格内向、缺乏自信、害怕社交，平凡又不起眼；现在的陈卓自信、优秀，是众人眼中的学霸。在她自己看来,是学习、思考、与人交流、参与社会实践……使她日益走向成熟。而对知识的渴望,对理想的追求,让她不断端正自己的处事态度、完善自己的专业技能。她曾告诉自己,不仅要学好专业知识,打下扎实的专业基础,还要全面提升自己的综合素质,成长为更加优秀的自己。

思想情况

自从进入大学,陈卓就一直在思想上严格要求自己。她积极旁听各种政治讲座,以此来端正自己的思想,提高自己的思想觉悟。在日常的学习与工作中,她积极上进、作风正派、严于律己,时刻关注着党和国家的发展态势以及国内外的局势变化,在思想与认知上保持着与时俱进。大学期间她光荣地成为一名中国共产党党员,并且担任086141班的入党联系人。她说,能够参与到党建工作中来,是党组织对她的信任和考验,她很开心,也感到责任重大。她表示,在今后的学习和生活中会严格要求自己,尽到一名共产党员应尽的职责和义务,更好地为党和人民服务。

◆ 陈卓

学习情况

学习是大学的主旋律,大一是片头,大二是副歌,大三是高潮,大四是尾声。陈卓说,刚进入大学的时候,仍然保持着高三的学习习惯,常常一整天都在学习;而到了大二、大三,除了学习,也会尝试去做其他的事情,如参加一些比赛和活动等。纵观陈卓的大学生活，在学习上，她勤奋刻苦、毫不放松，保持着谦虚进取的学习态度，认真学习专业知识，积极配合老师的教学，努力提高自己的专业知识水平。在科研方面，她主动加入老师的课题组并且积极参加各项学术科研活动，如她参加过一项学生工作项目，在项目的前期准备工作，负责数据的收集、分析和处理工作，虽然富有挑战，但她的能力也得到了进一步的提升。此外，她还参与了大学生创新创业训练计划项目。她表示，这些科研经历都为她今后的科研之路打下了坚实的基础。

社会实践情况

陈卓积极参加学校的各项活动、参与老师负责的项目。相较于大一、大二时的青涩懵懂，大三时的陈卓变得更加成熟稳重。她明白自己想要什么，知道自己该怎样提升，清楚自己该如何朝着既定的目标努力。为了离她的保研目标更进一步，她除了努力学习、夯实基础外，还积极参加科研活动来提升自己的能力，此外，她还参加各种竞赛和社会实践活动来提升自己的综合素质并锻炼自己的综合能力。大三期间，她加入了学校的一个创业组织——鸿源思创科技研发有限公司并担任行政总监一职，负责文案策划等工作。这段工作经历，让她学到了很多有用的知识，使她变得更加自信，对工作也充满热情。大三的暑假她还在中地时空信息工程技术有限公司进行了为期两个月的实习，负责资料收集、文件整理、文档撰写等工作，虽然实习期不长，但是收获很大。她说，许多在书本上没理解的知识，只有通过亲身实践才能真正掌握，也只有实践，才能使自己所学的知识得以施展和应用。此外，她还积极参加无偿献血和支教活动等志愿活动，尽她所能帮助需要帮助的人。

个人规划

对于个人的规划，她认为首先要学好英语。过去没能熟练掌握英语一直是她的一个遗憾，所以她计划尽快提升英语水平，通过雅思考试。其次，她要进一步提高自己的科研能力，做好科研项目，完成论文的发表。再次，她要进一步提升自己的专业技能,通过阅读最新的期刊文献,学习本专业的前沿技术和知识,与时俱进,丰富自己的专业内涵。

在人生的道路上,可以没有辉煌的结果,但不能没有闪耀的过程。希望多年后再回首,她能为今天的自己鼓掌喝彩。而她也将继续上路,踏踏实实、一步一步地走下去……

成功的另一种姿态 谦虚务实 委婉儒雅
——记经济管理学院 2014 级本科生崔亚乐

崔亚乐，经济管理学院会计学专业2014级本科生。2015年，荣获中国地质大学（武汉）英才奖学金社会实践奖学金，中国地质大学（武汉）第十届"清朗杯"信息调研大赛一等奖。2016年，荣获国家励志奖学金，"无极道杯"第二届"互联网＋"大学生创新创业大赛校赛优秀奖、"清江野渔杯"湖北省大学生营销策划挑战赛三等奖、时政分析大赛校级优秀奖。2017年，荣获校级优秀共青团干部称号，其所在团队获评湖北省暑期"三下乡"社会实践活动省级优秀团队。成功保研至华中科技大学。

◆ 崔亚乐

成功的人有很多种类型，有的人非常有个性；有的人为人处世委婉儒雅，不急不躁。崔亚乐属于后者，为人谦虚，待人接物态度谦和。也许正是这样的低调、务实，给她带来了现在的成功。

社会实践，助力成长

在崔亚乐看来，大学生活之所以比高中生活更精彩，主要原因之一就是在大学里有机会、有时间参加各类社会实践活动，丰富了课余生活，磨炼了坚强意志，增长了见识，个人能力也得到锻炼和提升。大学期间，崔亚乐抓住机会，积极参加各类社会实践活动，如湖北省暑期"三下乡"社会实践活动、中国地质大学（武汉）第十届"清朗杯"信息调研大赛、"无极道杯"第二届"互联网+"大学生创新创业大赛等。通过这些实践活动，她学习并掌握了很多课堂上学不到的知识，如何组建自己的团队，如何与政府部门沟通，如何进行宣传工作等。当然，在参与社会实践活动的过程中，她也遇到了很多困难，但正是这些困难让她更加坚强与自信，敢于挑战。崔亚乐说，作为一名大学生，学习理论知识、学术知识固然很重要，但不应"两耳不闻窗外事"，而应该多走出校园，参加社会实践，在实践中深化对理论的学习并且锻炼提升自己。

转换专业，追逐理想

车尔尼雪夫斯基曾说：人的活动如果没有理想的鼓舞，就会变得空虚而渺小。崔亚乐一直有自己的理想和目标，喜爱会计学专业的她，希望以后能成为一名优秀的注册会计师，为我国的财会事业作出贡献。但是在实现理想和目标的过程中并不总是一帆风顺的。大学录取时，她被调剂到行政管理专业，而非她理想中的会计学专业。为了实现自己的理想和目标，她在大二时选择转专业。转专业后补课的辛苦是难以想象的，但由于有理想信念和兴趣的支撑，她坚持了下来，并且成功弯道超车，取得了专业第二的好成绩。谈及自己的学习经验，崔亚乐说："我深知我的缺点和优点，故我得用适合我的方式去解决。重要的东西我会写在常见的地方，以便随时能提醒我，上完课我常常手心手背都写着一些在别人看来是乱七八糟的词语和图形，它们可以帮助我快速回想起上课所学的知识；我不用单独的笔记本，但我会将我所想记的东西记在书上或者 PPT 上。我也会感到疲劳，那样我就尽量坐在前排，上课的时候多和老师、同学互动，既可以加深对课堂内容的理解，也可以避免分心。"因为对会计学专业有着自己的一份热爱，所以她能坚持并付出极大的努力，或许这就是她能成为"学霸"的主要原因吧。

学霸秘籍

崔亚乐分享了自己的保研经验。她表示要想保研成功,首先要重视目标学校举办的夏令营活动,虽然名义上是"夏令营",但实际上是去参加学校组织的笔试和面试。笔试一般有规律可寻,出现原题的可能性很高。面试分为中文面试和英文面试两个部分,可以提前向有备考经验的学长学姐咨询。通过学校的笔试和面试以后,排名靠前的一部分同学更易获得保研资格。她表示,想要保研的同学,可以提前关注目标学校官网上的通知和有关夏令营活动的信息,及时报名,并做好准备。

雯箫袅袅梅花落
涛嶂千重银汉横
——记信息工程学院 2015 级本科生范雯

范雯，中共党员，信息工程学院遥感科学与技术专业 2015 级本科生。平均学分绩点 3.92。荣获 2015—2016 年中国地质大学（武汉）英才奖学金校长奖学金，2016—2017 年国家奖学金及争先奖学金。担任院团委创新创业中心常务副部长，本科生第四党支部支部书记及 113152 班学习委员。获得第六届全国大学生 GIS 应用技能大赛一等奖、2017 年 Esri 杯中国大学生 GIS 软件开发竞赛 D 组遥感应用类全国三等奖、2017 年第八届"蓝桥杯"全国软件和信息技术专业人才大赛 C/C++ 组省赛三等奖，以及校级优秀共青团干部等荣誉称号。

◆ 范雯

雯箫袅袅梅花落，涛嶂千重银汉横。范雯，一个开朗爱笑的女孩，凭借着远大的志向，书写了自己大学生活的芳华。

静水流深，化茧成蝶

"不畏将来，不念过往。"丰子恺的这句话恰恰是对范雯的大学学习生涯的最好描述。每个人的成功都不是立刻铸就的,需要我们付出足够多的努力和汗水。在很多人看来,范雯是优秀的。然而,大一时的她并没有如此耀眼。谈及进步的原因,范雯给了我们两个字——坚持。她说:"首先要明确自己适合什么,并由此确立自己的发展方向。做好这些之后,就要努力为自己的目标而奋斗。在此过程中,不要去想过去取得了什么成就,而是要立足当下,做好现在的自己。做事情始终坚持拼命的姿态,这样结果往往会比最初预想得要好"。

做一件事情开头很容易,坚持做下去却需要异于常人的坚持和努力。没有人天生就是可以飞翔,然而静水流深,每个人都可以努力破茧成蝶。

锻炼技能,专注科研

范雯认为,能够专注科研是一件特别幸运的事。大一上学期,尽管她尝试接触和参与科研活动,但因为种种原因范雯都被拒绝了,这非但没有熄灭她内心对科研的渴望,反而激起了她的斗志。在范雯看来,做科研是一个提高和证明自己的机会。功夫不负有心人,在她的坚持和努力之下,她成功地遇见了人生的第一位导师,并顺利加入了"科学家计划"。从大一下学期开始,她有了参与科研立项的机会,并且还有足够的时间去尝试不同的科研方向。与此同时,在课余的时间,范雯会尽可能地锻炼和提高自己的专业技能,如编程、算法设计,以保证基础得到夯实。记录学习过程中的要点是范雯始终坚持的学习方法。"当下的思维活动固然是十分清晰地呈现在我们的脑海中,但却容易遗忘",所以范雯时常通过课堂笔记或是实验日志来帮助自己梳理一个阶段内的学习内容。在范雯不懈地追求下,大三时她终于可以专注于做自己的项目,实现了自己一直以来的一个小梦想。

45°做人,90°做事

面对学生工作,范雯的态度是"45°做人,谦虚踏实;90°做事,直爽坦诚。"在很多人看来,学生工作十分繁琐,会浪费了很多学习时间,范雯却不这样认为,她先后在班级、院学生会、院团委、院党建办公室及支部工作中担任职务。她认为，做学生工作需要有一种严谨的态度，尽量不出一点差错，并且要发挥群众的力量。在她看来，学生工作既不是累赘，也不是功利化的事务，它可以丰富阅历、提升能力。

范雯同样在学生工作中经历过挫折。她曾因为过于严格地要求同学而引发同学对她的不满，这时导师的一句话点醒了她："你永远只能引导一个人，而永远不能帮别人决定什么"。所以，如今的范雯一如既往地帮助同学，但不再把自己的要求强加给同学。这锻炼了她为人处世的态度和能力，并且培养了她的一种集体责任感。

品竹调丝，悦纳自我

大大咧咧、活泼爱笑的范雯有很多的好朋友，她也因为各种搞怪被同学们亲昵地称为"行走的表情包"。课余生活中，范雯喜欢和朋友们一起做各种小手工，从最初的刻章、羊毛毡，到后来的捏黏土和十字绣。在她看来，学习工作之余，和朋友们一起做个小手工，既可以休息，也可以增进同学之间的感情。周末时，范雯还喜欢和朋友一起去东湖绿道骑行，参加一些集体活动。而一个人的时候，范雯喜欢看看书或者听听歌。范雯说："学习工作之余保持适当的休息可以让我们有一个良好的生活态度，而且和朋友一起学习、一起工作，我们能收获的东西就有很多。"

不忘初心　方得始终
——记环境学院 2015 级本科生曾佳敏

◆ 曾佳敏

曾佳敏，环境学院水资源与环境工程专业 2015 级本科生。平均学分绩点 4.02。荣获 2016—2017 年国家奖学金、2015—2016 年李大佛奖学金。担任环境学院团学联志愿者协会副会长、040151 班的学习委员。被评为校级优秀学生、优秀共青团员、学习之星等。获得校数学竞赛三等奖、第一届志愿服务大赛校级三等奖、信息调研大赛校级优秀奖、暑期"三下乡"社会实践活动院级二等奖，环境学院科技论文报告会二等奖等奖项。更值得一提的是，她结合专业特色，成功申报了大学生创新创业项目并被评为"重点项目"。

学之道，坚持为贵

在大学的学习中，曾佳敏用她的实践告诉我们：学之道，坚持为贵。德国柏林洪堡大学创始者洪堡曾说：大学的生存条件是宁静与自由，自由是必须的……在大学这个自由的宁静之地，我们要想集中精力学习，尽量不被外界干扰，就更需要做到坚持不懈、一往直前。在曾佳敏看来，学习好的同学，不一定是那些多么聪明的人，反而是那些找到了适合自己的学习方法并坚持到底，将学习落到实处的人更能在学习上获得成功。从大一开始，曾佳敏都一直保持着良好的学习习惯和学习方法——课前预习，课后认真地完成各门主修课程和选修课程的作业及任务并对知识点及时进行整理与回顾；在课余时间，充分利用图书馆及自习室，进行课后的学习巩固与知识的强化；每当课后学习遇到困难时,她就积极与老师或者同学交流讨论,力争弄清楚每一个知识点。因为有着端正的学习态度,找到了适合自己的学习方法,付出了坚持不懈的努力,曾佳敏的学分绩点一直稳稳进步。也正是因为这份坚持和努力,她才能在竞争压力极大的实验班中脱颖而出,取得优异的成绩。

行事之道,认真为贵

自进入大学起,曾佳敏就非常注重个人的全面发展。大一时,她加入了环境学院志愿者协会,不管是做部员,还是担任协会副会长,她始终秉持着"爱志愿,做志愿"的初心,积极投入志愿活动中。在班级工作中,她也是积极认真,乐于奉献。自担任班级学习委员后,她严格要求自己,也认真地安排班级的各项学习事宜,积极为同学们服务。除了学生工作外,她也积极参加课外实践活动,如信息调研大赛、党支部风采大赛、大学生创新创业大赛、基础科研立项活动……正如曾佳敏所说:"我不忘初心,促进自己全面发展;我不断尝试,丰富自己的人生阅历。"

◆ 曾佳敏

心之所向,身之所往

爱因斯坦说:兴趣是最好的老师。中国古代伟大的教育家孔子也曾说:知之者不如好之者,好之者不如乐之者。可见,兴趣在学习和生活中扮演着极为重要的角色。作为环境学院水资源与环境工程专业的一名学生,曾佳敏十分自豪。在她看来,她所学习的专业正是她所感兴趣的,而她也愿意为之努力奋斗。对于自己未来的发展方向,她给自己定下了目标:在自己喜欢的与环境相关的专业上继续深造,并从事与专业相关的工作,为人类生存环境的改善而努力奋斗。

＝生命因爱而火热＝
——记地球物理与空间信息学院 2014 级本科生胡楚笛

胡楚笛，地球物理与空间信息学院地球信息科学与技术专业 2014 级本科生。平均学分绩点 3.83，专业成绩年级排名第一。担任 064142 班学习委员。荣获国家奖学金、国家励志奖学金、中国地质大学（武汉）英才奖学金院士奖学金等。获得全国大学生数学竞赛二等奖，校物理竞赛一等奖、校数学竞赛一等奖，"学府杯"湖北高校象棋联赛团体一等奖等奖项。

◆ 胡楚笛

热爱是最好的动力

作家张皓宸在《世上所有的坚持都是因为热爱》这本书中写道："亢奋绝对是做一件事最初的原动力。"胡楚笛对待学习的态度就是如此。与大多数人不同的是，他对于学习的认真和坚持根源于他对学习的热爱。胡楚笛从小成绩都处于中等水平，甚至大一上学期也成绩平平。但是到了大一的下学期，他进步很大，之后成绩也一直处于上升状态。他说那时自己也不知道为什么成绩突然就好了起来。现在回想起来，可能是当初对课程的热爱让他沉迷其中，日积月累的努力付出，造就了他的"厚积薄发"。

已被保研至武汉大学测绘遥感信息工程国家重点实验室的胡楚笛，未来还想出国深造，提升自己，发展自己。

源于热爱，付诸坚持

《你的坚持，终将美好》中有一句话："没有目标的人跌进深渊，知道方向的人越走越远。"胡楚笛就是那个知道自己该往何处去的人。他热爱数学，他说那些数学公式很美，他认为数学很有意思。源于这份热爱，他一直坚持学习数学，在全国大学生数学竞赛中荣获二等奖。他对象棋情有独钟，来到大学后，他加入棋牌类社团，甚至还曾代表我校参加"学府杯"湖北高校中国象棋联赛，并获团体一等奖。正是因为他坚持所爱并且为此努力付出，他才有如此多的收获。

懂得感恩，四季如春

宫崎骏创作的动漫《哈尔的移动城堡》中有这样一句话："在茫茫人海中相遇相知相守，无论谁都不会一帆风顺，只有一颗舍得付出、懂得感恩的心才能拥有一生的爱和幸福。"胡楚笛就拥有一颗舍得付出、懂得感恩的心。他说他很感谢大一时的英语老师。他的英语成绩一直较为一般，尤其是刚入大学那会儿，对学习英语更是没有思路，但他的英语老师并没有因为他略逊色的英语成绩而忽视他。他永远都记得英语老师给予他的鼓励。平日里他也会积极参与各项志愿者活动，通过自己的付出回报他人。同时，胡楚笛也是一个十分谦逊的人。他周围的人都称他为"学霸"，但他却从不这样认为。他说他当不起"学霸"这个称呼，他还有很多需要去学习的地方。

谈到给学弟学妹们的寄语，胡楚笛只说了两个字——勤奋。他认为这两个字足以概括他的大学生活。在他看来，这两个字写起来简单，但是要真正落实到位却很难，而当我们每个人都努力又勤奋时，我们的生活就充满了希望。

◆ 胡楚笛

=成功永远属于奋斗者=
——记艺术与传媒学院 2016 级本科生房雯璐

房雯璐，艺术与传媒学院广播电视学 2016 级本科生。大一学年，学习成绩和综合测评排名均为班级第一，大二上学期学分绩点为 3.99，专业排名第一。荣获国家奖学金。担任艺术与传媒学院学生党建办公室组织宣传部部长、161162 班学习委员等职。获得第九届"新闻之梦"采访报道竞赛最佳采访奖；"不忘初心，牢记使命，争做时代弄潮儿"主题演讲征文比赛一等奖；"我把地大带回家"实践活动一等奖；艺术与传媒学院"喜迎十九大"作品征集

◆ 房雯璐

一等奖；艺术与传媒学院"我心我书，情寄三行"三行情书大赛三等奖；艺术与传媒学院新生辩论赛第二名等奖项。荣获军训优秀标兵、学生会优秀部员、校级优秀共青团员、优秀见习记者、湖北日报大学生记者团月度优秀团员等荣誉称号。此外，她撰写的多篇新闻报道曾在《中国高校之窗》《楚天都市报》《楚天金报》《青春志》《中国地质大学报》和地大之声等媒体上发表。

情不知所起，一往而深

为什么会选择广播电视学这一专业呢？房雯璐回忆道："报考时在网上查阅信息，感觉广播电视学酷炫极了。"便通过自主招生，怀着美好的憧憬来到了大学。但经过一段时间的学习以后，她发觉，广播电视学这一专业和自己

曾经的预想有一定的偏差，而且作为一名理科生去学习文科类的专业，这让当时还是大一的她感到些许的枯燥与迷茫。但她觉得"既来之则安之"，而且"世上无难事，只怕有心人"。为了学好这一专业，为了提高专业素养，她认为必须将理论与实践相结合，因此她加入了学校的校报记者团。

自从加入这一社团开始，她便疯狂地接新闻任务。不断地写稿、修稿，写稿、修稿……即使有时候加班加点到凌晨，即使有时候要面对和朋友聊天看剧的诱惑，她也一直坚持着。她认为，既然选择了就要坚持下去。渐渐地，她开始对新闻产生兴趣，进而开始喜欢广播电视学专业，这可谓"情不知所起，一往而深"。功夫不负有心人，在她坚持不懈的努力下，她写的新闻稿件多次在《中国地质大学报》和地大之声上发表，并获得了优秀见习记者的荣誉称号。

"纸上得来终觉浅，绝知此事要躬行"。她并不满足只在校报写稿，为了拓宽自己的视野，她加入了湖北日报大学生记者团，于是，她接触到了更多的校外新闻，增加了与社会的接触面。经过不懈的努力，中国高校之窗、《楚天都市报》、青春志等多家媒体上也刊载了她的稿件，她还获得了"湖北日报大学生记者团月度优秀团员"的荣誉称号。

正是因为不断地实践和学习，她逐渐对自己的专业有了清晰的认知，并且逐渐爱上了自己的专业。不过"路漫漫其修远兮，吾将上下而求索"，对于未来，她打算在本专业的道路上不断前行。

更高、更快、更强

她一直都用奥运精神——"更高、更快、更强"来要求自己。尽管在上大学前，她经常听到"大学考试就考 60 分，多一分都是浪费"的所谓"经验之谈"，也经常听说一些大学生的生活方式就是"上床睡觉，下床看剧打游戏"。但是，在她看来，美好的年华不会再重来，珍贵的青春不能轻易浪费！大学生活就应当好好珍惜。

大学的学习不同于高中。当题目的答案从固定的标准答案变成了自由发散的探究论述题，当老师的教学内容从习题做法和知识点的教授变成了思维的引导与启发，当课后作业从理综试题变成了论文，她发现，原本的高中理科思维已不能适应新的学习要求。而她不甘落后，所以她要"更快"地适应全新的学习模式。

一开始，在课堂上，她不知道该重点听哪些内容，该在笔记上记些什么，但是她坚持上课专心听讲，不做与学习无关的事情。渐渐地，她可以辨别出老师所讲的基础知识点内容和拓展知识点内容，并且在明确后，尽快在笔记本上记下其中的重要部分，而且她在记笔记时一直坚持两个原则：一是笔记可以乱，但要全；二是在记的同时，不耽误听讲。除了学会记笔记外，她还要求自己在上课时紧紧跟上老师的思路，积极回答老师提出的问题。她认为这样既可以保持注意力高度集中，不走神，还可以锻炼和提高自己的语言表达能力和快速思维的能力。

对于作业，她对自己的第一个要求是不拖拉，尽早完成。她认为只有给自己定下时间限制，才会有紧迫感，她对自己的第二个要求是保质保量完成任务。她认为只有这样，才能在面对每一科成绩的时候无怨无悔，而且只有这样，才能收获真正属于自己的知识，并且自身能力也会得到全方位的提升。功夫不负有心人，在房雯璐的努力下，大一一学年她的学习成绩都在班级排名第一。但是她并不满足于此，她认为，取得一两次好成绩并不难，难的是将好的成绩一直保持下去，这才是强者！

大学生活的一个特点就是，可自由安排的时间大幅增加，这对学生的自主学习能力提出了更高的要求。空闲时，她努力涉猎各种类型的书籍，文学素养得到较大提升。"成功的花，人们只惊羡她现时的明艳！然而当初她的芽儿，浸透了奋斗的泪泉，洒遍了牺牲的血雨。"

自信是成功的基石
——记马克思主义学院 2016 级本科生蔡薛文

蔡薛文，马克思主义学院思想政治教育专业 2016 级本科生。学年平均绩点 3.90。担任马克思主义学院团学联团建部部长、马克思主义学院辩论队队长。荣获 2016 年时政分析大赛校级一等奖。2017 年荣获中国地质大学（武汉）英才奖学金院士奖学金，入选中国地质大学（武汉）第十一期"李四光计划"，2017 年第十二届华中八校"两会论坛"优胜奖（第一名）、2017 年暑期"三下乡"社会实践活动校级二等奖并获评校级优秀学生干部；2016—2017 年获得 1 次院级最佳辩手、5 次校级最佳辩手。2018 年获得"创青春·汇得行" 2018 年湖北省大学生创业大赛校级一等奖和院级优秀共青团员称号。

◆ 蔡薛文

"学霸"的学习方法

百度百科里对"学霸"一词有这样的引申含义："学霸，一般用来指代平时刻苦钻研，认真学习，学识丰富，学习成绩斐然的一类人。学霸不是考满分的人，也不是一天只顾闷头学习的书呆子，而是真正为梦想而坚持的人。通俗一点讲就是第一要学习厉害，第二要热爱学习。"而蔡薛文，就是这样一个有梦想、会努力、能坚持并且充满正能量的学霸。

蔡薛文极为提倡"读万卷书，行万里路"，尤其是人文社会学科，他认为只有多看书才能够拓展自身理论知识，增长自身学识。这也是他的学习方法：多读书，广泛地涉猎与专业相关的书籍。在他看来，不要一开始就怕读不懂而不去读，因为"现在读不懂的，将来也不一定就能读懂"，所以关键是要敢于去做、尝试阅读。对于很多生涩难理解的专业书籍或者是课外书籍的阅读，蔡薛文给出的建议是："先整体阅读，读完后再细读难理解的部分"。三人行，必有我师焉，谦虚好学，不懂就问，积极向老师、同学请教方法经验，不仅对学习很有帮助，而且对自己的日常生活和人际交往也大有裨益。

牢牢把握学校里的各种机会，多参加和体验各种不同类型的活动，也是蔡薛文的一个学习经验。在过去的两年时间里，他积极参加各类演讲比赛、辩论赛、志愿服务活动和文体类活动等，还参加了大学生自主创新起航项目、主持了国家级大学生创新训练项目，在参加这些比赛和活动的过程中，他取得了斐然的成绩。同时，他也借助这些比赛和活动拓宽了视野，提升了自己各方面的技能。

自信，需要提前做好准备

爱尔兰剧作家萧伯纳说过：有自信心的人可以化渺小为伟大，化平庸为神奇。虽然我们每个人都有机会上台演讲、答辩，但是要想做到自信并且让人折服，就需要一定的功底。在众人眼里，蔡薛文每逢在台上进行演讲或者参加答辩比赛，总是充满自信、侃侃而谈，论其原因，他说道："自信只是因为做好了充分的准备。"《论语·卫灵公》中说："工欲善其事，必先利其器。"说的就是，人要想获得成功，就得提前做好准备。要做一个自信的人，不仅需要自身的天赋，更多需要的是后天的准备和努力。正如蔡薛文提到的，有许多次，他因为要准备各项辩论赛和科研项目，忙得不可开交、自顾不暇，但是每一次他都会尽力做好准备，以一种充满自信、胸有成竹的积极心态去迎接挑战，给身边的人以正能量。

学习之外,仍可见他"挥斥方遒"

作为一名名副其实的文科生、共产主义事业的接班人,蔡薛文博采众长,涉猎广泛。在学习之外,他很喜欢悠闲地散步或者跑步,以此放松身心。特别值得一提的是,他勇于挑战自我,曾获得2018年武汉线上马拉松赛的奖牌,平时也积极地参加学校的"荧光"夜跑。

虽然平时很忙,但是蔡薛文坚持晚上不熬夜。"身体是革命的本钱",在他看来,劳逸结合,做事才会更有效率,才能以一种可持续的方式实现自己的目标。

逆水行舟,奋楫者先。在充满艰难阻隔的路上,平凡如我们,只能奋力一搏,不能只是尽力,而是要拼命。虽说付出不一定就能得到多少回报,但没有付出,肯定很难有回报。

=努力是人生最好的态度=
——记珠宝学院 2015 级本科生马垠策

马垠策，中共党员，珠宝学院宝石及材料工艺学专业 2015 级本科生。平均学分绩点 3.96。荣获国家奖学金，中国地质大学（武汉）英才奖学金、校长奖学金、服务之星奖学金、周大福奖学金。担任珠宝学院党支部书记、学生代表团团长，141151 班班长。被评为优秀共青团员、百名好班长、校级优秀党员。荣获 2015 年度 Super class 班级对抗赛一等奖、地大杯情歌大赛三等奖，2016 年度秭归实习标兵称号，2017 年度珠宝学院诗朗诵大赛二等奖、"诚信与成才"征文大赛二等奖、暑期"三下乡"社会实践活动校级三等奖等奖项。成功保送至中国科学技术大学直接攻读博士学位。

◆ 马垠策

热爱生活，注重身心健康

马垠策热爱生活、热爱健身、追求健康、积极参与各类活动。从大二开始，他就常去健身房锻炼身体，并鼓励身边的朋友加入锻炼队伍。他还积极参加各种文艺活动，如情歌大赛、Super class 班级对抗赛等，在学习之余充实自己的生活。在他看来，不管是健身锻炼还是参加文艺活动，重在积极参与的过程，虽然有时结果重要，但过程更令人享受。

马垠策是一个乐观开朗的人，但他也难免有心情低落的时候。每当这时，他总会找方法自我调节。他表示，低落的情绪不是洪水猛兽，我们应该直视它，并且用恰当的方法处理它。他建议，心情不好或者压力极大时，可以选择运动的方式缓解，也可以找同学、朋友甚至老师倾诉；如果实在无法解决，可以找学校的心理咨询老师求助。

走好当下，端正态度

身处大学校园的我们，犹如旅人，行色匆匆，有着那么多的迷惘和彷徨，只有静下心来，认真思考，才能拨开笼罩在眼前的云雾。马垠策用他的实际行动告诉我们，面对前途的未知与迷惘，要认真考量，找寻最适合自己的道路。

大二时，当身边的许多同学都选择修读双学位时，他根据自己的实际情况，考虑到本专业的学习强度以及自己所负责的学生工作较多，最终放弃了修读双学位的想法。在之后的学习和学生工作中，他专注于专业学习，并且认真地完成每一项学生工作，尊重并且认真对待自己的选择。在他看来，只有走好当下的每一程，把每一步都走踏实了，才能走出属于自己的一条康庄大道。

当被问及作为学霸的学习方法时，马垠策一再强调"态度"二字。他表示，自己的初中老师曾说过："态度决定一切"，这已经成了他的座右铭。他说："不管做什么事情，都要尽自己的最大努力做好，这是一种态度，也是成功的方法。只有这样，才有可能得到学习上的进步和能力上的提升。"他认为，在课堂学习中，要做到全身心投入，跟着老师的思路走。正因为做事学习有态度、有行动，马垠策才成就了现在优秀的自己。

展望未来，不断尝试

马垠策已成功保送至中国科学技术大学直接攻读博士学位，虽然跨专业、"半只脚已经踏出了珠宝领域"，但就像英国大诗人雪莱说的："未来属于你自己"，对于未来，他充分考虑自身条件，打算将来从事科研类工作。并且能与喜欢的珠宝行业相联系，有机会将所学运用于珠宝领域，因此以后会努力朝着这方面发展，不断尝试。

彰显榜样力量　不负青春梦想
——记马克思主义学院 2015 级本科生罗悦

◆ 罗悦

罗悦，中共党员，马克思主义学院思想政治教育专业 2015 级本科生。平均学分绩点 4.1。荣获国家奖学金、争先奖学金（青年菁英类）、李大佛奖学金、学海学生骨干奖学金。担任校学生会女生部部长、院学生会主席、院辩论队副队长、院党支部副书记、兼职辅导员。中国地质大学（武汉）第十一届"四月杯"信息调研大赛一等奖、科创·起航训练营结题校级一等奖、2017 年华中七校两会论坛校级一等奖（环保部）、暑期"三下乡"社会实践活动校级二等奖、第二十八届中国地质大学（武汉）学生科技论文报告会（本科生专场）校级一等奖、2017 年"不忘初心，牢记使命，争做新时代弄潮儿"主题演讲征文比赛征文组校级一等奖、中国地质大学（武汉）第十三届"四月杯"信息调研大赛三等奖，以及校级优秀学生干部、校级优秀学生等荣誉称号；并于 2018 年参加第八期青年马克思主义者培养工程培训班学习，经考核顺利结业。已成功保研至武汉大学。

紧抓时间学习，但也要劳逸结合

作为专业成绩优异的学霸，罗悦有一套属于自己的学习方法。对于那些理论性极强的专业课程的学习，罗悦注重知识框架的构建，根据构建好的知识框架来理清各知识点之间的联系以及发展脉络，继而进行发散性学习，并且据此促进对知识的理解和记忆。

对于学习时间的安排，罗悦除了利用好平时的课上和课余时间外，还经常利用周末时间去图书馆复习、写作业和看书，完成一些日常的学习任务。当然，罗悦并不主张把所有的时间都花在学习上，在她看来，一整天待在图书馆或自习室学习并不现实，最重要的是要根据自己的实际情况，合理安排学习。该学习时专心学习，该休息时好好休息，劳逸结合，如此才能事半功倍。

学生工作，态度大于能力

学生工作是罗悦大学生活中极为重要的一部分。自大学入学以来，她就积极地加入各学生组织中并力争有所建树。在大三担任学院学生会主席的一年中，她带领院学生会在2018年校五四评优中取得了标兵学生会的荣誉，她自己也多次获得校级优秀学生干部、校级优秀共青团干部等荣誉称号。大四时，她担任了学院党支部副书记和兼职辅导员，继续为同学服务，积极锻炼自己。

承担学生工作后，她经历了从小部员到领导者的角色转变，也负责和处理了大大小小多项学生工作。对于学生工作，她觉得态度大于能力，态度是首要的，而能力是可以培养的，只有把学生工作真正放在心上，以一种认真负责的态度用心地去做，才能真正、持续地把工作做好。

依实际制订学习规划

知识浩如烟海，学习永无止境。尽管罗悦已保研至武汉大学，她仍旧坚持继续做好学习规划。她根据自身的实际情况，制订如下短期规划。

第一，广泛阅读马克思主义经典原著，进一步增加原著阅读的广度和深度，为日后的研究型学习打下坚实的根基。第二，认真学习专业课程，踏实走好专业学习的每一步；同时加大英语学习的力度，逐渐侧重专业英语的学习，为日后开展国际研究做好准备。第三，重点关注比较思想政治教育的学术动态，扩展这一领域的知识面。总之，做好规划，深化学习，稳固基础。

保研建议

问及罗悦保研之路,她给出如下建议:

(1)如果考虑走推免研究生这条路,就要注重学分绩点的提升。

(2)多参加省级以上的比赛,多拿奖,扩充自己的加分项。

(3)提高答辩能力和答辩技巧。注意答辩仪态要端庄,语言要流畅,尽可能多地与评委进行眼神交流。最重要的是,答辩时要有自信。

◆ 罗悦

点燃兴趣的火花　照亮成功的道路
——记工程学院 2015 级本科生张莉

张莉，中共党员，工程学院地质工程实验班 2015 级本科生。学分绩点 3.86，综合排名第一。第九期校级"英才工程——科学家计划"成员。担任工程学院本科生党支部宣传委员。荣获美国大学生数学建模竞赛二等奖、全国大学生数学建模竞赛省赛一等奖、"地质+"全国大学生创新创业大赛金奖、"创青春·汇得行"2018 年湖北省大学生创业大赛创业计划类金奖、"挑战杯"中国大学生创业计划竞赛校一等奖、全国周培源大学生力学竞赛湖北省优秀奖等多个奖项，并获评校级优秀共青团干部、校级优秀学习标兵（两次）、周口店地质教学实习优秀实习生、勤工助学之星等。已成功保送至清华大学直接攻读博士学位。

◆ 张莉

时间是成绩的保证

三年综合测评排名位列专业第一，成绩排名位列专业第二，这是张莉努力后取得的丰硕成果。这些优异成绩的取得，不仅得益于她端正的学习态度和明确的学习目标，更得益于她的学习方法。在张莉看来，"多花时间"是她的学习要诀。张莉说，在备考全国大学英语四级考试的时候，因为英语基础差，她花了两个多月的时间背单词、主动请老师批改作文，通过大量练习，最终取得了不错的成绩。只要临近考试，张莉会将 80% 的时间和精力投入到学习中，因此才有了如今学分绩点 3.86 的优异成绩。可见，有志者只有"多花时间"并且用心做事才能事竟成。

成功的秘诀在于兴趣和态度

艾默生曾说，艺术家一开始总是业余爱好者。这就是说，人要想获得成功，要以自己的兴趣为指引，因为兴趣是成功的源泉和动力。"我做的很多事情，凭借的是自己的兴趣，不为其他。"在张莉看来，自己参加学生工作不为别的，仅仅因为兴趣；参加各类竞赛，也不为别的，亦是因为兴趣。但是，这种兴趣不是一开始跃跃欲试，最后"三分钟热度"不了了之，而是一旦投入，立即转化成实际行动。

当她还是一名普通的外联部部员时，她诚恳地向部长请教对外交流的注意事项和技巧，一丝不苟地完成部长交代的工作和任务，一步步地成长为具备一定能力的副部长；作为一名大学生，她涉猎广泛，不仅努力学习本专业的知识，还自主学习其他方面的知识，拓宽自己的知识视界，并且积极地参加各类竞赛，在竞赛中历练自己。她说，既然投入精力做一件事，就要把事情做好，否则宁可不做，要不然就对不起自己所做的事情。因为她对所做事情怀有浓厚的兴趣并抱着踏实认真的态度，所以取得了如此出色的成绩。

"数学建模"那些事

和很多同学一样，张莉一开始并不了解数学建模是什么，但是因为兴趣所在，秉着"想玩就要玩好点"的态度，张莉和她所在的队伍认真地参加了相关训练和模拟竞赛。虽然一开始团队所有成员都是零基础，没有优势，但好在团队成员十分团结，大家互帮互助，共同克服了许多困难，最后在比赛中取得了优异的成绩。通过参加这次团队比赛，她意识到，比赛的

◆ 张莉

输赢并不重要，在准备比赛的过程中学到知识才是最重要的，如之前从未涉足的编程、算法等领域的知识，并且也收获了团队成员之间的深厚情谊。

追随我心，潇洒自在

作为一名学霸，她没有密密麻麻的计划表，也不会整天宅在寝室，只要有合适的时间，她就会做自己喜欢的事。她喜欢跑步、看电影，还学了吉他，也会在心情不好的时候一个人出去旅游。看到张莉，不禁让人想到书中的一句话：人之幸运，可以洒脱；人之快乐，可以随性。

乐忧以天下　奋斗定成败
——记工程学院 2015 级本科生钟鹏

钟鹏，工程学院岩土工程专业2015级本科生。综合排名专业第二。第九期校级"英才工程——科学家计划"成员，主持及参与多项科研项目。累计获得校级及以上奖励18项，包括国家奖学金、国家励志奖学金、中国地质大学（武汉）英才奖学金院士奖学金，第十一届"挑战杯"中国大学生创业计划竞赛国赛铜奖、省赛金奖，"地质＋"全国创新创业大赛

◆ 钟鹏

金奖，中国地质大学（武汉）科技论文报告会本科生专场特等奖，湖北省土木工程专业大学本科生科技创新论坛一等奖，全国大学生数学建模竞赛湖北省三等奖，中国国际"互联网＋"大学生创新创业大赛省赛铜奖，校物理竞赛二等奖等多个奖项；累计发表论文8篇，获专利授权4项、软件著作权9项。已成功保送至南京大学。

业精于勤，行成于思

"弄懂每一节课的内容"，这是钟鹏对自己在学习方面的基本要求。他上课认真听讲，紧跟老师的思路。尽管在学习过程中也会遇到问题，但和很多同学不一样的是，钟鹏很少直接去问老师，他比较喜欢独立思考，遇到问题时常常先到图书馆查找资料，如他学习"弹塑性力学"这门较难的专业课程

时，他先从图书馆借了一本相关书籍，利用坐高铁时的碎片时间，自学课程内容并解决了不理解的问题。除了积极思考外，钟鹏在学习上还有一个习惯，那就是比较不同版本专业课教材的差异，他说通过阅读不同版本的教材，可以加深对课程内容的理解，拓宽学习的广度和深度。

在钟鹏看来，"业精于勤，荒于嬉，行成于思，毁于随"，学习没有捷径，靠的就是勤奋和积极思考。

拥有良好心态，专注提高自己

当被问及为何想从事科研工作时，钟鹏明确表示这是自己的兴趣所在。当然，做科研仅仅靠兴趣是不够的，还要拥有良好的心态，因为做科研的过程中会遇到很多困难。回首自己做科研的经历，钟鹏说最大的体会就是累，因为既耗费脑力又耗费体力。记得参加中国国际"互联网＋"大学生创新创业大赛的时候，他每天都需要把一车黄土倒出晾晒并在晚上收回，黄土经过碾碎、过筛，制成控制含水率和固化剂的样品。作为团队里的"劳力担当"，

◆ 钟鹏

他每天晚上还要去温室采集数据。虽然土力学实验对精度的要求没有生物化学实验那么高，但同样需要细心和耐心。当然，辛苦过后得到的结果也是喜人的，而且实验过程中他也学到了很多知识。在研究井下电视图像处理的课题时，需要设计各种算法来提高识别效率，而他也因此学会了设计实验方案，弄懂了相关的编程语言。

兴趣＋勤奋＋积极思考＋良好心态，让钟鹏在多个科研领域都取得了丰硕成果。而在钟鹏自己看来，尽管能够取得一定的成果是令人高兴的，但科研的最终目的是训练自己，以提高自身能力为主要目标。

喜爱文史的理科生

虽然钟鹏因喜欢力学而选择了与力学相关的土木工程专业，但他也酷爱中国传统文化，喜欢历史和古文诗词。大一开学报到时，他带了两本书，一本《史记》，一本《宋词》。闲暇时，他喜欢参观博物馆，看看书，用文言文写"传记"等。他对明朝末年崇祯年间的政治、经济和军事研究格外感兴趣，还曾在学院读书报告会上分享了自己关于明史的观点。

"为天地立心，为生民立命，为往圣继绝学，为万世开太平"，多一点乐以天下，忧以天下的家国情怀，少一点功利之心，做到"穷则独善其身，达则兼济天下"。

=知之愈明　行之愈笃=
——记地球科学学院 2016 级本科生姜昕

姜昕，地球科学学院地质学（基地班）2016 级本科生。平均学分绩点 3.81，位列专业第二。荣获国家奖学金、国家励志奖学金。获评校级优秀学生标兵、校级优秀共青团干部。担任地球科学学院学生会副主席、2016 级基地班学术委员会会长、010161 班班长、X11163 班组织委员、010171 班助理班主任、逸夫科普讲解队队长；参加泰国国际经典地质路线考察、大别山经典地质路线考察、成都理工大学峨眉山联合实习以及北京大学"讲好地球故事"系列科普活动；荣获第二届全国国土资源科普讲解大赛二等奖（湖北唯一）、青春地标——2017 地球科学学院年度人物、中国地质大学（武汉）第十三届"四月杯"信息调研大赛三等奖、校物理竞赛三等奖，以及校数学竞赛三等奖等。

◆ 姜昕

此外，在学院项目的资助下，他利用暑假远赴美国哥伦比亚大学进行为期两个月的海外科研训练，锻炼自己的海外科研能力、独立学习能力及英语沟通交流能力。

天道酬勤：有努力总会有收获

大一时，姜昕跟大多数同学一样，会感到迷茫，会因挫折而失意，也会觉得自己在很多方面存在不足。每当这时候，他总是提醒自己要立足当下，努力学习，因为在他看来，学习从来都是学生的本职工作，也只有通过学习才能弥补自己的不足。他是那个曾连续一个多月早上第一个到达教室坐在第一排学习的同学，也是那个5：30起床、22：30回寝室的同学。天道酬勤，大一下学期时，他以X11163班班级第一的成绩，成功递补进入国家地质学理科基地班；学年结束，他又以专业第一的成绩成功获得了国家奖学金，成了别人眼中的"大佬"。

大二时，姜昕在学生工作方面投入较多，勇于尝试的他也取得了累累硕果。一进入大二，他就参加了国家地质学理科基地班班委的竞选，并最终全票通过成为基地班班长，他带领班级同学努力学习，最终班级平均学分绩点从3.02上升至3.31，位列全院第一；大二下学期，他还以010161班班长的身份成功竞选为地学院学生会副主席，他说，希望自己能为学生组织多做一点事情。在兴趣爱好方面，爱好科普讲解的他，在大二上学期斩获了全国国土资源科普讲解大赛二等奖，还成为"青春地标——2017年地球科学学院学生年度人物"。

大三时，姜昕希望自己能在科研的道路上更进一步，在导师的悉心帮助和大力支持下，以及学院项目的资助下，他远赴美国哥伦比亚大学开展了为期两个月的海外科研训练。他说将来想要从事地球科学领域的工作，这次的训练对他而言无疑是一次全方位的锻炼。

学霸的学习方法

每一个学霸都有自己对于学习的理解和相应的学习方法，姜昕也不例外。比如，在姜昕看来，像"高等数学""大学物理""大学化学"这类基础课程，规律性很强，因此在学习上不仅要学会举一反三，还要能举一反多；在应考方面，姜昕主张先把书变薄，也就是把一本书浓缩成汇聚整本书精华的"一两张纸"，考前通过复习这"一两张纸"来应考，不过这也需要熟能生巧；在做题方面，姜昕认为一定要学会总结规律，对于自己不会做的题目要看答案，并且把答案总结成自己的思路。姜昕说，学习就是一个反复的过程，一定要持之以恒。不懂就问，因为问得越多，弄明白的也就越多，量变促成质变，到时候不管老师怎么出题都能信手拈来。

专业学科的学习需要长期的积累，一方面需要理论学习的支撑；另一方面也需要丰富的实践经验。姜昕认为，学习过程中一定要多与老师交流，因为他们很多都是学科领域内的佼佼者，他们对专业知识的理解深刻且独到，多向他们请教，不仅能收获书本上没有的知识和见解，还能在耳濡目染之下提高自身的修养。此外，课后复习也是非常重要的，温故而知新，知识只有通过花费时间来消化吸收才能成为自己的东西。

学霸的爱好：科普讲解

"如果一定要问我在大学里真正的爱好是什么，那一定是科普讲解。"刚加入逸夫科普讲解队的姜昕，就以充足的知识储备、饱满的工作热情展现了大学生讲解员的风采，从第一件展品到最后一件展品，对于每一件展品的前世今生他都能侃侃而谈。更值得一提的是，大二上学期，他作为湖北省唯一入选第二届全国国土资源科普讲解大赛决赛的选手，以及决赛中唯一一位大二本科生斩获了全国二等奖。自那以后，一提到科普讲解，大家总会不自觉地想到姜昕。

◆ 姜昕

其实我们每一个人都有爱好，而姜昕的特别之处在于，他把自己的爱好变成了促进自己学习、进步的助力。

立足当下，不论是学习、处理学生工作还是做其他的任何事情，不要太在意结果，重要的是过程中做好应该做的事情。专注过程，摆脱浮躁，走好每一步，最终的结果自然是水到渠成。

=因为热爱　所以坚持=
——记信息工程学院 2016 级本科生刘天宇

◆ 刘天宇

刘天宇，信息工程学院地理信息科学专业 2016 级本科生。平均学分绩点 4.08。荣获国家奖学金、国家励志奖学金、海印奖学金。114161 班学习委员、校英语 ESS 班成员。全国大学英语四级考试 599 分、六级考试 562 分。荣获 2018 全国大学生数学建模竞赛省赛一等奖、2017 全国大学生数学竞赛省赛二等奖、第九届"蓝桥杯"程序设计大赛（C++组）省二等奖、华中数学建模竞赛三等奖、中国地质大学（武汉）物理竞赛一等奖、全国大学生英语竞赛三等奖、2018 年全国地质资料创新应用大赛三等奖、校级优秀共青团干部、校级优秀学生标兵等荣誉。参与国家级大学生创新创业项目一项，院产学研课题两项，其中参与的"面向盲人出行需求的移动 GIS 设计与开发"项目获得院级三等奖。已成为一名软件设计师、MapGIS 开发工程师。

学霸其人

"高等数学 A1" 96 分、"高等数学 A2" 98 分、"离散数学 B" 96 分、"概率统计 A" 98 分、"大学物理 C1" 97 分、"大学物理 C2" 100 分、"物理实验 B" 97 分……20 余门课程分数都不低于 95 分。这就是"学霸"刘天宇在课业上所取得的优异成绩。

对于学习，刘天宇始终保持着浓厚的兴趣和热情。数学是刘天宇自高中时起就很喜欢的一门课程，他认为这是"世界的本源"，因此他一直都努力地学习数学。对于编程，他认为在智能化社会中，计算机扮演着举足轻重的角色。人可以通过编写计算机程序，借助计算机来触摸到仅凭人力而无法涉及的领域，辅助人们完成某些人类无法攻克的问题。因此，学会编程在他看来是重要的也是必要的。

◆ 刘天宇

学习之余，刘天宇还喜欢游泳、跑步、乒乓球等运动。每天晚上下课后，他一般都会抽出半小时跑步锻炼。

一分耕耘，一分收获

刚进入大学的时候，刘天宇和很多同学一样有过迷茫，但他一直清醒地知道，很多事自己不去做就永远不会有收获，美好的未来是靠把握机会和努力奋斗得来的。因此他进入大学后仍保持着高中时期努力学习的状态，在课堂上认真听讲、积极回答问题、主动与老师沟通交流，课后耐心总结、做题刷题、认真备考，做到充分利用时间学习。他的努力也获得了相应的回报。大一学年，他取得了专业第一的优异成绩。学习之余他还参加了很多活动，也得到了很多奖项荣誉。可以说，优秀学生标兵这个荣誉他受之无愧。

就像爱因斯坦列出过的成功公式：成功＝艰苦劳动＋正确方法＋少说空话。任何的收获不是巧合，而是由每天的努力与坚持得来的。一分耕耘，一分收获，对学习来说更是如此。

前景可待，未来可期

刘天宇希望在本科阶段就能初步接触和学习研究生阶段的专业知识，加强对专业领域的整体感知，为之后做好更加有序的专业学习做好准备，在数据科学领域继续深造。

同时,他期待自己能迈向更高的学习平台,真正做到紧跟技术前沿,收获学术成果,将所学专业发扬光大,并且对社会有所贡献,用自己的力量为社会创造价值。

刘天宇希望包括他自己在内的每一个人都能在大学里实现自我成长,几十年后回首大学岁月时,都能够做到问心无愧、不留遗憾。他坚信,"世上没有白费的努力",知识能够改变命运,只要我们坚持着努力地走下去,就一定能寻求到自己想要的东西。

在实验中找到"真爱"
——记工程学院 2015 级本科生王曙光

王曙光，工程学院安全工程 2015 级本科生。年度学分绩点 3.85，班级综合测评排名第二。荣获国家励志奖学金、中国地质大学（武汉）英才奖学金院士奖学金。获得优秀共青团员、校级优秀本科生党员荣誉称号。担任工程学院 055171 班助理班主任、工程学院安全与工程专业本科生党支部书记。在 SCI 收录期刊 *Journal of Colloid and Interface Science* 以第一作者身份发表论文一篇，在 *Polymers for Advanced Technologies* 以第

◆ 王曙光

二作者身份发表论文一篇。申请国家发明专利一项。随"花蕾筑梦"团队赴宜宾市参加支教活动，获优秀志愿服务团队称号。已保送至北京航空航天大学可靠性与系统工程学院。

目标＋学习氛围＋方法＝学霸

对王曙光而言，优异成绩的取得，主要得益于三个方面：一是明确目标。王曙光自入学起就有了确定的保研目标，学校的入学教育、学情分析，以及学长学姐对保研的经验分享，都给她提供了更为明确的努力方向。二是宿舍浓厚的学习氛围。王曙光说，她所在宿舍的每位同学学习都十分积极，追求学习效率，大家每天早起，争着坐在教室前排听课，无形中形成彼此督促的良好学习氛围。最终寝室全员保研，这是她们几年来努力学习的成果。三是

找到适合自己的学习方法。"上课认真听讲,课后认真完成作业"便是王曙光能够成为学霸的基本学习方法。和大部分人一样,她上课也会打瞌睡,而她则是通过坐前排来解决这个问题。对于作业,她认为认真完成老师布置的作业,遇到不理解的题目静心思考,就能收到良好的效果。

她和她不得不说的实验

因为大学里有很多可以自由支配的时间,并且恰好有进入实验室学习的机会,王曙光便向班主任提交了申请,开始了她近三年的实验生活。她说,实验室里,老师会给你提供研究方向,但具体如何做就要靠自己。

◆ 王曙光

"准备、实验、错误……失败、纠错、再实验",这是王曙光做实验时的真实写照。每当实验中遇到问题或困难时,王曙光就去查文献或者虚心向老师请教。为了避免拖延实验周期,王曙光几乎一下课就钻进实验室,写作业、考试复习都是在实验室完成的。

王曙光谈到,其实很多人对实验存在误解。比如有些人认为做实验就是为了出成果,但其实实验存在沉没成本,周期较长,从开始到出结果可能需要一年半载,有时候结果还不一定令人满意。但是在实验过程中,只要认真去做,就会得到实实在在的锻炼,进一步提高自身的科研能力。也有些人认为做实验有严格的时间和进程安排,但其实作为本科生参加实验,实验进程可由自己安排。所以在协调好实验和其他事情之后,还是有时间娱乐放松的。

学霸的光环下是普通的女孩子

由于经常呆在实验室里做实验,很多人认为王曙光是一个除了学习便是做实验的学霸。但其实她和一般的女大学生没什么区别,喜欢逛街、看电影,还喜欢到网球场打打网球。

=舞一曲灿烂青春=
——记珠宝学院 2016 级本科生杨梓涓

杨梓涓，珠宝学院宝石及材料工艺专业 2016 级本科生，还修读了华中师范大学心理学双学位。三年平均学分绩点 3.87，位列专业第一。荣获 2016—2017 年国家奖学金，2017—2018 年国家励志奖学金、2018 年度周大福奖学金。获评中国地质大学（武汉）2018 年度十大标兵学生，2018 年周大福"校园精英"等。在学术科技方面，她获得 2018 年美国大学生数学建模竞赛国际二等奖、2018 年全国大学生数学建模竞赛湖北赛区一等奖、2018 年华中地区数学建模邀请赛一等奖、2018 年第七届大学生世

◆ 杨梓涓

界遗产保护提案大赛校级二等奖等奖项。在文体活动方面，她担任校舞蹈团团长，2018 年湖北省第十五届运动会轮滑比赛裁判员、2018 年湖北省自由式轮滑锦标赛裁判员；获得 2017 年湖北省舞龙比赛金奖并代表湖北省队参加中华人民共和国第十三届全国运动会，2017 年武汉市大学生艺术节舞蹈组二等奖，2017 年武汉市大学生艺术节摄影组优秀奖（作品在洪山文化馆展出）。此外，她还是中国科学院地球物理研究所公众号"如果矿物会说话"栏目作者。

君志所向，一往如前

博恩·崔西说过：要达成伟大的成就，最重要的秘诀在于确定你的目标，然后开始干，采取行动，朝着目标前进。初入大学，杨梓涓就给自己定下了明确的目标——读研。这一目标的确立首先源自奋战在考研路上的学长学姐，

他们的热心指导，暖心激励，让杨梓涓意识到自己应该好好珍惜大学四年的学习生涯，不虚度年华。当然，目标的确立也离不开杨梓涓对专业发展的清晰认识和规划。她认为自己未来要想有所成就，还要向地质和矿物方向发展，进行深入研究。

为了实现目标，杨梓涓一有时间就去图书馆学习，并且积极参加各类项目，努力提升专业水平。在这一过程中，她也不断积累学习经验：首先，上课认真听讲是关键，手机关机或者静音，尽量不要让手机影响自己；其次，上课认真做好笔记，避免上课走神，也有助于课后复习；再次，当天的作业最好当天完成，不要拖拉；最后，合理安排自己的学习时间，量力而行，给自己布置适当的任务。对于杨梓涓来说，培养高效利用时间的习惯很重要，尤其是要做到"今日事，今日毕"。如果上完一节课，下节课没课，杨梓涓便会留在教室自习，及时完成作业；如果当天的事情的确比较多，她则会在睡前写下当天未完成的任务以及第二天的计划，做好时间规划。

因为热爱，所以坚持

纪德曾说：我的爱消耗在许多美妙的事物上，我不断为之燃烧，那些事物才光彩夺目。只有用心过好每一天，生命才会更加充实美满。

◆ 杨梓翩翩起舞

杨梓涓七岁半开始习舞，经过十多年的学习，舞蹈早已成为她生命的一部分。大一时杨梓涓加入了校舞蹈团，大二时她担任舞蹈团团长。在此期间，她认真负责，安排好每一次训练任务，维护好舞蹈团内部的和谐，带领舞蹈团参加比赛。在舞蹈团的几年里，她经历了从普通队员到团长的身份转变，她的思想也在不断改变，会更多地考虑团体的需求，并懂得了奉献、责任和担当。而正是她对舞蹈的热爱和坚持，让她甘愿为舞蹈奉献大量时间，也让她在舞蹈方面取得了优异的成绩。她还曾加入校舞龙队，代表湖北省队参加第十三届全国运动会。

除了舞蹈，杨梓涓也心理学也充满了浓厚的兴趣，并因此修读了华中师范大学的心理学双学位。虽然学习任务更重了，但是杨梓涓的学习生活也更加充实，让她乐此不疲。此外，杨梓涓还喜欢轮滑、摄影。她曾担任2018年湖北省自由式轮滑锦标赛裁判员，也参加过2017年武汉市大学生艺术节摄影比赛等。可以说，因为兴趣和坚持，杨梓涓在繁忙的大学生活中，每一天都过得充实和精彩。

青春无悔，以梦为马

杨梓涓所学的珠宝专业和双学位修读的心理学专业都属于她的兴趣爱好，未来她想深入研究岩石、矿物等方向，为地球科学研究的发展贡献自己的一份力量。

=勇于尝试　收获精彩=
——记地球科学学院 2015 级本科生王欣楚

王欣楚，地球科学学院 2015 级地球化学专业本科生。平均学分绩点 3.65。荣获中国地质大学（武汉）英才奖学金校长奖学金、锐明校友奖学金。荣获校级优秀学生、百名好班长，院级优秀共青团员称号。2017—2018 年度地球科学学院"青春地标——年度人物"，入选校级"英才工程—

◆ 王欣楚

领袖计划"，担任中国地质大学（武汉）校学生会主席，代表学校参加第十七届亚太地区学生领袖事务峰会，获地球科学学院辩论赛最佳辩手称号。已推免至天津大学表层地球系统科学研究院环境科学专业直接攻读博士学位。

巧干能捕雄狮，方法成就学霸

谈到自己的学习方法，王欣楚通常将课程学习分为前期课程准备、课程学习过程及课程结束之后三个部分。

对于前期课程准备，王欣楚认为课前学生要先了解这门课程的"前世今生"，弄清楚为什么要学这门课程，以及了解这门课程的整体知识框架，这样可以帮助我们在后面的课程学习中更好地理解课程内容。

而对于课程学习过程，王欣楚特别提到学习的反馈机制。他说，我们可以将做作业、记笔记，以及师生课堂互动称为"反馈"，学生在被动地接受知识外，还应该成为主动的学习者，积极参与学习过程，通过自我反馈来提升学习效果，如写作业、讨论和交流、复习笔记等。这种反馈可以按周期进行，也可以按学习进度、章节等内容节点进行。王欣楚认为，只要我们做好学习过程的反馈，及时了解自己的学习状态和学习进程，那么学习对我们来说会更加轻松。

课程结束之后，王欣楚认为最重要的是做好复习。滚轮式复习法是王欣楚常用的复习方法。他解释道，假设我们花 0.5 天复习第一章内容，1.5 天复习第二章内容，那么第三天复习时我们就可以重新将第一、第二章的内容复习一遍，并接着复习第三章，依此类推，这样就不会出现复习到后面忘记前面所学内容的问题。而且我们每次对前面内容的复习都是在为后面内容的复习搭建知识体系架构，因而这种复习方法能够帮助我们加深对课程知识体系的理解。他还说，虽然用滚轮式复习法进度会比较慢，但是如果能把握好复习的节奏，最终的复习效果还是非常好的。当然，这种复习方法可能不适用于所有人，因此还是要结合自身实际情况，找到适合自己的学习方法。

对于课程学习，王欣楚一再强调，考高分与课程学得好是两个概念，二者不是等价的关系。他更希望大家以学到知识为第一目的。

勇于担当，敬业奉献

地球科学学院 x11163 班班长、x11163 班助理班主任、地大人微信组织部部长、校学工处干事、地球科学学院外联宣传部部长、地球科学学院学生会副主席、校学生会主席……当被问及为何承担这么多的学生工作时，王欣楚回答说："因为喜欢接触和尝试新的事物，也想积极为同学们服务。"

承担学生工作期间，王欣楚认真负责，并出色地完成了各项学生工作。在担任 x11163 班班长期间，他创新班级活动形式，完善班级制

◆ 王欣楚

度建设，并荣获校级百名好班长称号；在担任地球科学学院外联宣传部部长、地大人微信组织部部长期间，他大胆创新工作模式，将新媒体思维融入传统宣传，带领平台大步前行；在担任校学生会主席期间，他锐意进取，积极落实学联学生会改革方案，并参与主办首届华中地区外联峰会以及第十九届中国地质大学（武汉）学生代表大会。

不过，王欣楚也提到，并不是承担的学生工作越多越好，而是要根据自己的实际情况，结合自己的发展需要和时间规划来进行合理选择，就像选择学习方法一样，只有适合自己的才是最好的。

兴趣多元，热心积极

学习和工作之余，王欣楚也有着广泛的兴趣爱好。他热衷于参加各种文艺活动。作为曾经的主持人社的社员，王欣楚主持过校"五四"晚会，地球科学学院迎新晚会、元旦晚会等活动，还参加过各种晚会的节目表演。闲暇时，他喜欢打篮球、打网球或打乒乓球，也会和同学一起逛街、看电影、旅游等。他很喜欢尝试不同的新鲜事物，探索未知。在他看来，青年学生应该始终保持乐观积极的态度，用向上的世界观、人生观和价值观去面对人生旅途中的未知和不确定，去克服那些看似难以攻破的难关。

= 探索创新　越崇山峻岭 =
——记计算机学院 2015 级本科生郭瑾仪

郭瑾仪，计算机学院信息安全专业 2015 级本科生。荣获国家奖学金，中国地质大学英才奖学金新生入学奖学金、艺术之星奖学金。获评校级优秀共青团干部、校级优秀学生标兵等称号。获得全国高校区块链应用创新大赛华中区二等奖、中国（天津）工业 APP 创新应用大赛优胜奖（全国前 32 名）、全国大学生信息安全竞赛二等奖荣誉。担任计算机学院辩论队队长，曾获校辩论队最佳辩手。已成功保研至华中科技大学。

◆ 郭瑾仪（左二）

书山有路勤为径，学海无涯苦作舟

华罗庚曾说：在寻求真理的长河中，唯有学习，不断地学习，勤奋地学习，有创造性地学习，才能越崇山跨峻岭。这句话在郭瑾仪的身上得到了很好的诠释。她说，正如不同的角色有不同的工作，学生的工作就是学习，我没有一天是不学习的。与其他学霸一样，郭瑾仪也有适合自己的学习方法。在英语方面，她随身携带单词书，利用零散的时间背单词。比如课前 15 分钟和课间，在大多数同学拿起手机刷微博、打游戏、聊天的时候，郭瑾仪则在背单词。她会给自己定个小目标，规定自己一天要记多少个单词。睡前她会把今天背的单词复习一遍，起床后第一件事便是复习前一天的单词。在课程学习方面，郭瑾仪一再强调预习的重要性。对于预习，她是这么做的：首先，把老师下节课可能讲到的内容先预习一遍，在预习的过程中，积极思考，将不理解的地方勾画出来。然后，课前复习一遍上节课的内容。最后再把老师下节课要讲的内容预习一遍。她说预习之所以重要，是因为预习之后，对新课内容可做到心中有数。

探索创新，不断成长

在完成课程内容学习的同时，郭瑾仪跟随导师参与了多个科研项目。大二时她参与院级英才工程项目，学习了演化计算的原理及其最新的研究成果，并且帮助老师处理论文中的数据。这一年的学习培养了她自学、独立思考以及提出问题的能力。在启航项目中，她完成了第一篇以第一作者身份撰写的论文并申请了两项专利。在撰写论文和申请专利的过程中，她的科研思维得到了提升。对论文一遍遍的打磨，让她对科学论文的写法有了更加深入的理解，对待科研的态度也更加严谨。

作为队长她参加了全国大学生信息安全竞赛、带着区块链作品参加工业界的比赛……大三大四她多次参加各类比赛，其临场反应能力、应变能力、语言表达能力、心理素质都得到了提升。

爱好广泛，劳逸结合

郭瑾仪有许多业余爱好，她喜欢唱歌、跳舞、弹琴、打乒乓球，也积极参加社团活动，参加辩论社的经历对她非常重要，她的思辨能力、表达能力、团队合作能力等均得到提高。她每周坚持跑步，上舞蹈课，也会在周末时出去逛逛。

勤奋求知　铸就不悔青春
——记资源学院 2014 级博士研究生吴亚飞

吴亚飞，资源学院矿产普查与勘探专业 2014 级博士研究生。博士期间课程平均成绩为 90 分，雅思考试总分为 7.0 分。2017 年至 2019 年受国家留学基金委资助在澳大利亚科廷大学进行博士生联合培养。研究生阶段荣获国家奖学金、赵鹏大院士奖学金，获评第五届湖北省"长江学子"、中国地质大学（武汉）"学术卓越人才"、第十届李四光优秀学生奖

◆ 吴亚飞

等。以第一作者身份在 Geology、Geochimica et Cosmochimica Acta 和 Economic Geology 等地质学国际顶级期刊上发表论文 5 篇。多次参加了 Goldschmidt、国际经济地质学家协会（SEG）年会和国际地质大会（IGC）等重要学术会议，3 次做口头报告，并获得了国际会议最佳口头报告奖。与美国、澳大利亚、加拿大、英国、德国和芬兰等国家的十几所高校和科研机构的研究人员建立了良好的合作关系。2018 年起多次受邀为矿床学国际重要期刊 Mineralium Deposita、Ore Geology Reviews 和 Geological Journal 审稿。

知之者不如好之者，好之者不如乐之者

学问必须合乎自己的兴趣方可得益。从事科学研究是一个比较漫长且枯

燥的过程，每天的基本工作就是查阅文献资料、做实验和写文章的往复循环。"我觉得促使我在科研的道路上恒久坚持的最为重要的原因是我对自己从事的研究是真正感兴趣的！"吴亚飞笃定地说。

本科期间，他就读于地球科学学院的地质学专业（国家理科基地班）。在不断求知探索的过程中，吴亚飞逐渐有机会接触到地质学不同领域的知识，如矿床学、地球物理学、环境地质学和工程地质学等，也渐渐明晰了自己想从事有关应用型方面研究的目标。因此在大四保研时他选择了本校的矿产普查与勘探专业，并一直不忘初心、潜心科研，希望未来能为我国的矿产资源开发作出贡献。正是这样的兴趣与信念，支撑他坚持不懈、攻坚克难，那些他梦想解答的科学未知问题也因此渐渐清晰。

吴亚飞给我们分享了几点学习心得。首先，学习贵在坚持，要有不怕困难、永不言败的精神。本科和研究生阶段的学习稍有不同，本科阶段是打好专业基础的重要时期，所以要扎实学好每一门课，更重要的是在这个过程中培养独立学习的能力；而研究生阶段则是在导师的指导下从事一个比较具体的、精细的研究，更需要具备国际化的研究视野和刻苦钻研的精神。他说："导师的引导和帮助在其博士成长道路上是非常重要的。于我而言，我在学术道路上的成长离不开导师李建威教授的悉心指导。"其次，在学好专业课的同时，多涉猎自己感兴趣的相关学科知识，拓宽自己的知识体系，提升自身的综合素质。最后，合理地规划和利用好课余的碎片化时间来不断提升自己，比如学习英语或是考取各类资格证书。

匠人之心，一以贯之

吴亚飞说："科研工作不是一帆风顺的。我在研究过程中遇到过各种各样的困难。如我们要获取不同时代含金黄铁矿和白铁矿的原位硫同位素组成以揭示成矿流体性质的变化，然而含金白铁矿非常细小，只有十几个微米，常规的激光原位分析技术的束斑一般是几十个微米，因此利用激光原位分析得到的是一个混合的硫同位素值。为此，我们又进行了更高空间分辨率的二次离子质谱原位分析，但由于缺少白铁矿的标样，得到的也不是一个非常准确的值。但是，当我们将这两种原位分析技术得到的结果进行对比，发现从早到晚不同世代含金硫化物硫同位素组成的变化趋势其实是非常一致的，这也与我们的矿物显微结构解释相吻合。所以如果我们在实验过程中得到一个不是很确定的数值时，一定要采用其他方法和分析技术进行相互验证，验证后的结果才是可信的。"

研究过程中发生过许多趣事和让他难忘的事，吴亚飞与我们分享了其中一件。他说："熟悉矿物学的人可能知道，在一个多期次、复杂的热液系统中，准确区分矿物的各种微观次生结构其实是比较困难的。在这篇文章修改过程中，我与一位合作者就某个热液改造结构的解释存在不同观点，且都持

◆ 吴亚飞

有不同方面的证据。为此，我们对该结构的解释进行了多次讨论和修改并推迟了投稿时间（约两个月）。最终，我们对这一复杂结构合理且圆满的解释得到了两位审稿专家的认可。在这个过程中，也让我进一步体会到做学术一定要全面、严谨，不能急于求成。"

休息是狂奔的前奏

本科阶段吴亚飞担任所在班级的组织委员，研究生阶段担任体育部副部长，他树立了正确的学习与学生工作观念，并将二者协调统一。在思想政治方面，他作为一名光荣的中国共产党党员，热爱祖国和人民，拥护中国共产党的领导，时刻与党保持一致。自觉遵守国家法律及学校的各项规章制度，处处严格要求自己。

当然燃烧人生并不是一味地透支身体，休息是狂奔的前奏。"在休息时间我一般看看电影、打篮球或者跑步。主要做一些让自己开心的事情，以缓解科研带来的压力。"吴亚飞分享道。

时间总是如白驹过隙，他首先希望学弟学妹们能珍惜美好的学习时光，

为未来的人生夯实基础，不留遗憾。其次，找准自己的兴趣点非常重要，不要随大流。本科毕业后选择工作还是选择继续攻读研究生学位？研究生毕业后继续从事科研工作还是进入其他相关单位？应结合自身的兴趣爱好和个人特长，做好"关键的选择"。最后，衷心地祝愿学弟学妹们都学业有成！

=风过不倒　临雪不折=
——记地质过程与矿产资源国家重点实验室
2015级博士研究生王向东

◆ 王向东

王向东，中共党员，地球科学学院2013级地质学专业本科毕业生，硕博连读于我校地质过程与矿产资源国家重点实验室。荣获博士研究生国家奖学金和优秀博士论文创新基金。本科时担任所在班级团支部书记。博士研究生期间，担任所在班级党支部书记。多次获评校级优秀研究生干部和校级十大优秀研究生标兵。参加国家级科研项目2个，校级科研项目1个。曾多次在AGU、IGCP、GSA等国际会议上做创新成果的口头报告和海报展示。以第一作者身份在地质学国际顶级期刊发表论文3篇，合作发表国际论文6篇。在国家留学基金委的资助下赴澳大利亚莫纳什大学进行了为期一年的博士生联合培养。2019年起担任《前寒武纪》期刊审稿人。2019年获得我校理学博士学位。获李四光优秀学生提名奖。

学而不厌，天道酬勤

高考志愿填报时，热爱游山玩水的王向东经朋友介绍填报了我校地质学专业，从而开启了他与地质学的不解情缘。初入大学，王向东发现身边的同学都十分优秀，生性好强的他也不愿落后，便暗下决心努力学习，不能虚度光阴。心意已决，便付诸行动。无论学习生活多么繁忙，王向东每天都会抽出至少两个小时的时间去自习室学习。就这样，勤奋努力加之正确的学习方法，王向东成了名副其实的学霸。谈及本科时期的学习方法，王向东总结了以下几点：首先，紧跟老师的讲课进度。上课认真听讲，在听课的同时也要用笔在书上圈点勾画。这样做不仅能加深印象，也有益于之后的复习。课后要认真完成老师布置的作业，多做题。其次，拥有良好的自制力。王向东说，他在大学期间没有玩过游戏，每天的放松方式是跑步。规律的学习生活方式，是他成绩优异的一个重要保障。再次，良好的学习环境。王向东回忆，大学室友都是自制力很强的人，很少玩游戏，即便玩也会规定好时间。他们每天都一起学习，生活十分充实。在这样的学习氛围中，寝室的所有成员成绩都在班级前50%，最终全部考研成功。最后，兴趣是最好的老师。他说："本科期间所有的课程中我地质学类专业的课程学得最好，学分绩点也是最高的。我觉得学地质学靠的不是死记硬背，而是靠理解和兴趣。"

学而不厌，天道酬勤，靠着勤奋刻苦和对地质学的无限热爱，王向东走过了十年的地质学学习时光。王向东每天早出晚归，泡在实验室里进行科学研究。他认为，一步步探究未知的科学问题引人入胜。谈及硕博时期，在学术研究上取得如此多创新成果的"秘诀"，他认为最重要的是团队合作。如果没有团队的合作、学校和国家政策的偏重以及对科研项目的投入，仅凭借一己之力也是难以成功的。经过王向东的不懈努力和勤奋研究，善于思考的他获得了李四光优秀学生提名奖。他坚定地说："往事依依，来者可追。我将继续继承和发扬李四光精神，为地学事业而奋斗"。

君子不折，望之俨然

"望之俨然，即之也温"，这是王向东给人留下的印象。作为一名地质人，野外实习是家常便饭，而实习环境大多十分艰苦。让王向东印象较深刻的一次经历是去西藏开展地质实习。西藏海拔高，气候恶劣，遇雨屋顶便会漏雨，需要爬上房顶铺油纸来避雨，连食物都沾满泥巴，条件十分艰苦。他笑着说："只要一学习，环境的恶劣就都忘记了。"王向东凭借着吃苦耐劳的精神，风过不倒，临雪不折，圆满地完成了学习研究。作为一名从事科研工作的地质人，不仅要克服艰苦的野外实习环境带来的困难，还要面临科学研究过程中的诸多挑战。王向东从 2013 年开始进行探究晚二叠纪地质时期生物绝灭原因的实验，经历了无数次失败，直到 2018 年才取得成果，耗费了 5 年光阴。处于瓶颈期时，他也曾迷惘和彷徨，但他不屈不挠、坚持不懈的精神和导师的鼓励支撑着他走过低谷，并取得了成功。

在这个浮躁的社会，各种喧闹和诱惑接踵而过。王向东却始终保持着他身为青年地质人的清朗心，不骄不躁、不折不挠地进行地质学科学研究，把每一天都过得充实而精彩。

青年地质人的守望

除了学术研究，王向东的思想政治觉悟也很高。在大学本科时期和硕博时期，他分别担任了所在班级的团支部书记和党支部书记，并成功加入了中国共产党。他给自己定下目标，希望自己在接下来的日子里更加努力，勇于攀登科学的高峰，为学校地质事业的发展，以及我国伟大民族复兴和社会主义现代化建设尽自己作为地质人的微薄之力。

获李四光优秀学生提名奖

能够获得李四光优秀学生提名奖让他感到非常的荣幸和由衷的开心。一路走来，他不断成长，不断进步，要感谢的人太多。出生在内蒙古农村的他，要感谢家人对其学业的支持；要感谢党和国家对家庭经济困难学生的重视，出台资助政策措施；要感谢学校的培养及导师对他无微不至的关怀和指导。在接下来的日子里，他会不断攀登科学高峰，传承李四光先生的爱国主义精神，为地质事业的进步贡献自己的微薄之力。

返璞归真　在奉献中实现价值
——记经济管理学院 2016 级本科生穆巴拉科·亚尔买买提

穆巴拉科·亚尔买买提（以下简称穆巴拉科），经济管理学院经济学专业 2016 级本科生。平均学分绩点 3.52。获国家励志奖学金、中国地质大学英才奖学金。获评校级优秀共青团员、校级优秀学生。在我校首届"民族团结一家亲 同心共筑中国梦"主题征文比赛中获三等奖。在第八期少数民族学生骨干培训班中，被评为优秀学员。担任 081161 班学习委员。已获得本校的保研资格。

稳扎稳打，勤思多练

对于取得的成绩，穆巴拉科谦虚地认为是自己比较幸运。可这世上哪有什么无缘无故的好运，所有的幸运都是一次次的努力、一步步的成长以及勤思多练造就的。

刚进入大学，"高等数学"就成为穆巴拉科学习路上的"拦路虎"。刚开始根本听不懂，后来通过认真钻研教材，上课时"扎根"一二排，跟着老师的思路走，认真听讲，课后积极和同学交流学习，才在一次次失败中总结出属于自己的学习"秘籍"。穆巴拉科一直有使用日程本规划时间的习惯，遇到问题会勤加思考，碰到不懂的专业术语会上网查阅相关资料或向老师请教，这些好的学习习惯，也使她在后来学习"线性代数""概率论与数理统计"等难度较大的课程时受益匪浅。她认为自律也是帮助她在学习中不断进步的主要原因。从认真记录的课堂笔记，到每天的自习室学习，以及提前一个月开始的期末复习，这一切让我们明白她的成功绝非"幸运"可以概括。的确，命运总是对那些勤奋努力、坚持不懈的人情有独钟。

团结融合,在未知中寻求最优

在谈到家乡时穆巴拉科眼中闪烁着"小星星",热腾腾的烤包子、拌面、烤肉,加上新疆能歌善舞、热情好客的乡亲,都是她记忆中家乡最鲜活明媚的样子。"青山朝别暮还见,嘶马出门思旧乡",高考后她选择来到武汉这座陌生的城市,开启崭新的生活。在气候与家乡迥异的大武汉,吃着并不是很合口味的食物,她也时常在寂静无人的夜,抬头看看星天,想念千里外的家乡和亲人。

但穆巴拉科没有因此陷入悲观消极的情绪之中,她明白要积极融入这座陌生的城市,快速适应大学生活。于是她积极与周围人接触,并参加少数民族培训班。在这里她了解到更多关于其他民族的相关知识,并结交了来自各个民族、各个地区的朋友。他们志同道合,一起参加民族文化节,一起参观博物馆,一起成长,共同适应大学生活。她从小就明白民族团结的重要性,想通过自己的努力,让更多的朋友了解少数民族,促进民族融合。她也希望今后能以"走出去,学进来"的方式,在多元文化的融合中寻求发展。

因为热爱,所以坚持

穆巴拉科从小就对书法着迷,课余时间坚持学习并勤奋练习,她多次参加学校组织的书法比赛,还曾获得省市级比赛奖项。同时,她还十分喜欢运动。刚开始跑步时她也是三天打鱼两天晒网,无法坚持,为了改变这一现状,她邀请朋友一同锻炼,互相督促,最终养成了每天跑步的习惯,并逐渐爱上了跑步这项运动。

被问及是如何坚持自己的兴趣爱好时,穆巴拉科表示需要有坚韧的品格和一颗火热的心。她说,因为热爱,所以坚持。在我们漫长的人生旅途中找到自己真正热爱的事业,为之坚持并把它做到最好尤为重要。如果能和志同道合的朋友一起努力,从事热爱并有意义的事业,那一定能克服艰难险阻并得到最真挚、最值得珍惜的友谊。穆巴拉科认为兴趣爱好与学习并不冲突,只要制订正确合理的计划,并认真执行,在圆满完成学习任务的同时,还可以最大限度地丰富自己的业余生活。

星星之火，点亮心灯

对于未来，穆巴拉科原本打算毕业后考公务员，但得到保研名额后，她改变了自己的前进方向，唯一不变的是她想为家乡奉献的一颗真心。穆巴拉科选择的研究方向是扶贫，她表示自己还有很多地方需要学习和提升。虽然穆巴拉科从小生活的城市正在不断发展，但新疆一些偏远地区的贫困情况依旧不容乐观。了解到这些地区人们生活的不易，更加坚定了她想为落后地区的扶贫工作作出贡献的决心。"士不可以不弘毅，任重而道远"，穆巴拉科明白一个人的人生价值只有在奉献中才能得到升华。她想用自己的所学所知，为那片生她、养她的土地奉上属于自己的一份力量。每个人都渴望舒适的生活，但穆巴拉科却选择遵从本心，为更多还处于贫困中的人们点亮星星之火。

穆巴拉科还表示，自己保研时从未考虑过除中国地质大学（武汉）以外的其他学校。预科一年，本科四年，还有未来的三年研究生，人生中最美好的青春时光她都选择和自己所热爱的母校在一起。穆巴拉科用自己的行动诠释了地大精神：艰苦朴素，求真务实。这是她所热爱的学校，她所坚持的未来。未来有无数种可能，但对于她来说，能和母校在一起，能奔赴基层做好扶贫工作，就是最好的选择。

=学问勤中得=
——记外国语学院 2016 级本科生梁听雪

◆ 梁听雪

梁听雪，外国语学院 2016 级英语专业本科生。平均学分绩点 3.99。荣获国家奖学金、中国地质大学（武汉）英才奖学金院士奖学金、贝乐奖学金。获评校级优秀共青团员、校级十大标兵学生、校级优秀学生标兵，院级优秀共青团干部等。获得华中高校英语演讲比赛三等奖、湖北省外语翻译大赛决赛笔译组二等奖、中国国际"互联网＋"大学生创新创业大赛省赛银奖、2017 年与 2018 年 CCTV "希望之星"英语风采大赛湖北省一等奖、第二十四届中国日报社"21 世纪·可口可乐杯"全国大学生英语演讲比赛全国总决赛二等奖（并作为比赛获奖选手访问香港中文大学）。担任第七届世界军人运动会游泳跳水委员会贵宾陪同翻译。已成功保研至北京外国语大学高级翻译学院。

兴趣是最好的老师

莎士比亚有言：学问必须合乎自己的兴趣，方可得益。梁听雪认为学习以培养兴趣为首，英语学习也是如此。首先可通过看美剧、听英语演讲等方式培养自己对英语这门语言的认知，在认知的过程中萌生兴趣；其次是要认识到学习英语的必要性和重要性，英语在职场和社会生活中都扮演着重要的角色，无论是英语专业生还是非英语专业生都应该学好英语。梁听雪平时也会用百词斩、可可英语等APP和英语巴士等公众号来辅助自己的学习。

天道酬勤：成功总是眷顾努力和有准备的人

作为英语专业的学生，需要考取许多证书，如全国翻译专业资格（水平）考试证书、上海英语口译证书等。想在考试、竞赛中取得好成绩不仅需要大量的准备时间，还需要找到适合自己的一套方法。梁听雪运用"以赛代学""走出去"的学习方法——以比赛代替学习，走出一个既定环境，进入一个更具挑战性的新环境，让自己在短时间内突破压力，完成蜕变。在面对考试和竞赛时，梁听雪把这些证书和比赛视为一个个小目标，用这些小目标鞭策、激励自己，以"一次过"为目标，严以律己，认真地备考备赛，不断提升自己的能力与水平。在平时的学习上，梁听雪会在课前预习课本内容，认真对待课堂任务。每一次课堂展示，她都会反复演练，确保演讲万无一失；学期末，她的学习态度也从不懈怠。梁听雪的学习能力和英语口语水平就是在一次又一次考证、竞赛、完成课堂学习任务的循环中得到提高。

爱好是学习生活的辅助

梁听雪曾双语主持武汉市大学生情歌大赛、华中七校配音大赛等十余场省校大型活动并担任校广播站英语播音员。梁听雪认为，主持这个爱好并不是高不可攀，它其实是融入生活、无处不在的。学习之余，她喜欢通过自言自语和读书的方法来放松。梁听雪认为英语专业，其实和主持有异曲同工之妙：英语专业是一个很重表现的专业，必须要在演讲、交流时放得开，敢说不怯场，而主持可以锤炼一个人的说话技巧，以及与人沟通的能力。梁听雪运用两者之间的共性，不断提升自己的能力。对她而言，在把主持作为爱好的同时也将其视为学习的辅助，而在学习和爱好发生冲突的时候，梁听雪会选择埋首默默学习，把学习放在首位。

◆ 梁听雪

翻译不仅仅是语言的转换者

第七届世界军人运动会期间,梁听雪担任游泳跳水委员会贵宾陪同翻译时发生了一件让她印象深刻的事:由于中外文化差异,中方与外方人员就是否为国际军体射击委员会主席的去世进行默哀的事起了争执,最后导致包括梁听雪在内的翻译人员受到了主办方的批评教育。梁听雪说,以前她一直认为翻译仅仅是传达文字信息,但这一次她意识到翻译不仅是语言和语言之间的转换,它更像是助手一般的存在。当我们面临现实情境的时候,不能仅考虑语言问题,还需要考虑政治与文化等因素。翻译不能置身事外,更不能加重事态,而要去协调、解决问题。这次翻译经历让梁听雪受益匪浅。

=论成为学霸的 100 种招式=
——记李四光学院 2016 级本科生邓昊

邓昊，李四光学院地球科学菁英班（地球化学专业）2016 级本科生。平均学分绩点 4.20。荣获国家奖学金、国家励志奖学金（2 次）、中科院地球科学菁英奖学金一等奖学金（2 次）。荣获中国地质大学（武汉）2018 年度十大标兵学生称号。参与多项学术科研竞赛，获校级及以上奖励若干。荣获 2019 年美国大学生数学建模竞赛 M 奖、2018 年全国数学建模竞赛全国一等奖、2018 年中国地质大学（武汉）第二十八届学生科技论文报告会（本科生专场）一等奖、2017 年全国英语阅读大赛二等奖。获批大学生基础科研与大学生科创启航项目，参与第二届纳米地球化学国际会议。参与花蕾募捐宣讲、短期支教等志愿活动，入选第七届世界军人运会礼宾志愿者，累计志愿时长 132 小时。担任李四光学院 201162 班班长。

常言道，有人的地方就有江湖。且看邓昊如何在牛人云集的中国地质大学（武汉）一路过关斩将，从江湖的芸芸众生中脱颖而出，成为一个能文能武的多才学霸。

邓氏武功第一式——抓基础，重合作

众所周知，大学一年级多以通识基础课为主。说到此，便有人问，如何以优异成绩通过大学的"第一关卡"？且听邓昊言：在上此类课时要多和老师沟通，培养自学能力，为后面参加科研活动做准备。大一是养成良好学习习惯的关键时期，此时的结课考核无非就是考试和写结课论文两种。应对考试自然就是要认真学习、注意积累；写论文则要找到自己擅长的方向。此外还要注意平时表现，力争获得一个不错的平时成绩。拿英语学习来说，可以观

看一些没有字幕的美剧，系统地学习阅读和写作。当然，词汇量同样很重要，不要太过于依赖翻译软件。

为了更好地提高自己的学分绩点同时帮助同学，邓昊参加了"学业伙伴"计划。为此他还制订了一个学习计划，他和同学约定每周至少到图书馆学习两次。他强调学习要注重效率，提高学习效率是迅速提升成绩的关键。他们俩互相学习、互相支持、互相鼓励。很快成了学习路上的"好伙伴"。经过两人的共同努力，同学的学分绩点提高到3.2，他的学分绩点也得到一定提升。或许就是这样，当我们独自低头前行时，不妨看看周围，是否与他人共进会产生一加一大于二的效果。

邓氏武功第二式——广泛撒网，重点拿鱼

邓昊在学习之余，也参加了很多不同的科研项目，如果说是他成功路上的垫脚石，为前行的道路打好基础；科研就像一个加速器，加快他前进的步伐。

邓昊坦言，科学研究活动是因人而异的，对他而言是机会也是挑战。科研工作中80%～90%的知识都是未曾接触的，这就要求研究者具有较强的自学能力。同时科研还是一个不断试错的过程，邓昊说，在实验中他也像普通人一样会因为一个错误实操最终导致实验失败，或因为实验周期过长而导致数据出现错误，这些挫折使他更加明白做实验要严谨，做事要步步深入，有些东西值得我们耐心研究。

他还建议学弟学妹要抓住机会积极参与科研项目，重在尝试，找到自己的兴趣，挖掘自身科研能力，不要急于求成。

邓氏武功第三式——做公益是一种习惯

邓昊说，要把做公益变成一种习惯。的确，不论是在山中花儿爱心助学团所组织的暑期支教活动中，还是代表中国地质大学（武汉）亮相第七届世界军人运动会的"小水杉"中都少不了他的身影。他在做公益的路上，领略过许多意想不到的美景。

"纸上得来终觉浅，觉知此事要躬行。"当"一山有四季，十里不同天"出现在书本时或许读者觉得它只是简单描写一种自然现象，但当邓昊在山中支教，因为山中的特殊气候而完美避开大雨时，曾经学习过的普通知识就变成了支教生活中的"小确幸"。支教时邓昊和同行的男生在教室中打大通铺，洗澡没有热水，有时还要来回走三个小时的山路送孩子回家。虽然条件艰苦，但这段难忘的支教经历也让邓昊收获颇多，他看到了偏远地区教育存在的不足——虽然山区硬件教育条件逐渐改善，但孩子们却缺乏心理上的关怀，看世界的视野受到限制。

同时，邓昊还分享了参加支教活动的经验：首先，要注重基础教育，有自己的想法，在团队中要具有不可替代性。就像沙僧，虽然他没有孙悟空的本领高强，没有猪八戒的能言善辩，但他踏实肯干，同样会成为团队中不可缺少的一部分。其次，支教结束后避免孩子对支教老师产生依赖感，更不能用电子产品和孩子密切联络，以防其沉迷网络。

邓氏武功第四式——认清现实，计划未来

经过大学期间系统地专业学习，邓昊意识到比起地学，自己更偏向于做计算机方面的研究，于是决定研究生阶段选择计算机专业。在取得保研资格后，邓昊就目标学校的选择问题多次向老师和学长学姐请教，最终，他放弃了中国科学院和中山大学偏地学的专业，最终选择南京航空航天大学的计算机专业。对于接下来所走的每一步，邓昊同样有自己的计划。在完成五年的硕博连读后，他想前往欧洲继续深造，或者进入企业走向社会。他曾为自己大学四年没能去企业实习而感到遗憾，并表示也想体验一下"996"的生活，或许在不久的将来他的愿望就将实现。

邓昊认为保研就是一场"信息战"，有保研意向的同学要留意各大高校最新研究生招生动向，报名越早越好。

最后，希望邓昊能打造一条属于自己的强者之路，去完成属于自己的生命蜕变。

=锐意创新　长远发展=
——记第十六届"挑战杯"全国大学生课外学术科技作品竞赛决赛二等奖获奖团队

"挑战杯"全国大学生课外学术科技作品竞赛以"崇尚科学、追求真知、勤奋学习、锐意创新、迎接挑战"为宗旨，每两年举办一次，被誉为当代中国大学生科技创新的"奥林匹克"盛会。近年来每届竞赛都吸引了来自全国 2000 余所高校，200 多万大学生参与。本次大赛是由共青团中央、中国科学技术协会、教育部、中国社会科学院、中华全国学生联合会和北京市人民政府共同主办，共有 1573 所高校、近 300 万青年学生参与，经过校级、省级和全国初审，来自全国 213 所高校的 447 件作品入围终审决赛。

◆ 缪璐漪（右）和宋汉宸（左）

我校由地球科学学院缪璐漪、宋汉宸组成团队，他们的参赛作品《鹦鹉螺如何在二叠纪—三叠纪之交大灭绝中幸存》（指导老师：宋海军、楚道亮）荣获全国二等奖。

团队篇

组队，缘何而起

缪璐漪与宋汉宸结为"挑战杯"团队的契机，"缘"于他们的导师。一直以来，缪璐漪和宋汉宸都在同一个课题组工作，但由于截然不同的工作分工，使得他们犹如两条平行线一般，没有任何交互。

直到两年后，两人不约而同地向导师宋海军表达想参加"挑战杯"的强烈意愿。导师宋海军认为一个人的力量过于单薄，便提议两人可挑战学科交叉研究，一起合作，就鹦鹉螺的衍化进行研究。就这样，导师宋海军为他们"牵线搭桥"，两条平行线终于相交，两人小分队得以成立。至此，以系统分类学为基础、结合流体力学的重要手段，探究鹦鹉螺的衍化，两人的"挑战杯"之路由此开始。

道阻且长，攻坚克难

虽然有了大致的研究方向，但奈何研究之路漫漫，这条路上还有很多的困难等着他们去克服。研究方向已定，但如何让两个如同平行线的学科交叉在一起仍然令他们头疼。

研究初期，他们时常感到逻辑混乱，于是他们向导师宋海军寻求帮助。在老师的指导下，他们发现了关于鹦鹉螺在灭绝前是如何幸存的这一有趣课题，并决定以这个科学问题为导向进行研究。但在宏大的课题面前，他们仍然对接下来的研究方向摸不着头脑。经过深入研究，两人突然发现在分类学的基础上鹦鹉螺在形态上似乎存在着流线型的变化。大胆提出猜想后，两人设计了大量的实验来步步验证这个猜想。功夫不负有心人，两人最终得到了一个理想的结果。

比赛之余，妙趣横生

虽然比赛氛围十分紧张，但准备过程充满了欢乐。缪璐漪活泼爱玩，完成布置任务后，便与当地的朋友相约去吃铜锅涮肉，未曾想一不留神就揣走了整个团队唯一的一张饭卡，导致团队里其他成员忍饥挨饿，最后在老师的好心救助下，才得以"果腹"。

且说，缪璐漪与宋汉宸两人都比较"佛系"，在布展上都没有花太多的心思，但团委老师坚决不让他们这么"佛"。展馆的灯光过于明亮，不适合展览，怎么办？团委老师带队迈出"佛系"的第一步，便是拿两盏台灯充当射灯，但为了有更好的结果，老师们最后还是不辞辛劳地到灯具市场买了专业的射灯。之后他们又发现其他队伍都有桌布，而自己的队伍却只有桌子，于是老师们带队迈出"佛系"的第二步，借来酒店的床封充当桌布来衬托化石。严肃认真又不失可爱的准备过程，也为紧张的比赛带来了无尽的欢乐。

等待过程，心情忐忑

作为赛场上地质学专业的"独苗"，缪璐漪与宋汉宸可谓是压力山大。作为纯学术、纯理论的学科，在展示上比起应用型的学科有一定劣势。他们说，有些队伍展览的机器，很符合他们的"胃口"，无论是老师还是他们都觉得很有意思。轮到他们时，桌上放着的"镇展之宝"——化石，就是他们的最大的吸引点。因此在等待结果的过程中，缪璐漪与宋汉宸在满心期盼的同时也感到非常忐忑。比赛出结果时间正好是"双十一"购物狂欢节，于是缪璐漪盘算着如果能拿一等奖就奖励自己买买买。她说，这样想想等待结果的过程也就没有那么难熬了。

◆ 缪璐漪（左）和宋汉宸（右）

但比赛结果由多方面因素决定，加上比赛期间他们有一些做得不完美的地方，缪璐漪与宋汉宸没有实现预期的目标。虽然有一些伤心和失落，但两人还是对比赛中收获的经验和丰厚的知识感到满足。

立足竞赛，长远发展

"挑战杯"只是他们漫长的学习研究路上的一部分。在"挑战杯"告一段落后，缪璐漪与宋汉宸都将目光投向了未来。在我们追求诗和远方的时候，缪璐漪已将目光看向了其他时代的化石，她希望能根据各个时代的化石，结合流体力学及时代，对大演化进行深入研究分析，这种演化事件、生物演化和地质事件相结合的研究被首次提出，未来还有种种难关等着她去克服。而通过这次比赛，以及和其他项目同学的交流，宋汉宸察觉到在计算流体力学的技术方面存在种种不足，所以想进行对比后开展更深入的研究，他希望自己的研究能够有助于化石的复原。未来路还很长，希望他们每一步都走得精彩期待着他们的将来。

个人篇

团队成员：缪璐漪

缪璐漪对化石的形态极为好奇，虽然初入学时遵从家人的意见选择了地理信息科学专业，但"人世间，唯有兴趣和美食不可辜负"，她入校后便依据兴趣加入了地球科学俱乐部。拜倒在矿物标本的"石榴裙"下，鲜有缺席社团活动，与社团成员一同出野外……在地球科学俱乐部的缪璐漪可谓是"乐不思蜀"。

一年后，缪璐漪发现自己对所选专业的学习缺乏动力和兴趣，决定遵从自己的心意转了专业。但转专业背后的艰辛是难以想象的，大量需要补修的课程及社团活动填满了她的时间，过度的繁忙令她疲惫不堪。学生工作与学习一次又一次挤压在一起，她甚至在没人时悄悄抹过眼泪，但缪璐漪还是坚持了下来，她说，一切动力都是源于对专业的无限热爱。凭着这份热爱，她在地球科学研究道路上越走越远。正如海子在诗中所言：我不去想能否成功，既然选择了远方，便只顾风雨兼程。

团队成员：宋汉宸

宋汉宸，担任班长与学习部部长，除了固定的学习任务外，他还有很多额外的工作。初入大学，找到学习与学生工作之间的平衡以及适合自己的学习方法，这是每个大学生都需要经历的摸索过程，宋汉宸也不例外。但随着经验的积累，最终他摸索出了他自己的"诀窍"——规划好每一天，合理分配时间，在规定时间内做完规定的任务。就这样，在处理工作游刃有余的情况下，宋汉宸的学习成绩也很出色，在数学建模方面小有成就，并在数学建模大赛中斩获一等奖。

三年磨一剑　点滴见成效
——记经济管理学院 2017 级本科生王路

王路，中共党员，经济管理学院工商管理专业（双语教学班）2017 级本科生。平均学分绩点 3.94。荣获国家奖学金、周大福奖学金、中国地质大学（武汉）英才奖学金院士奖学金。获得全国大学生数学竞赛二等奖，第四届中国"互联网＋"大学生创新创业大赛省赛银奖，第六届全国大学生能源经济学术创意大赛国家级三等奖，中国地质大学（武汉）第十九届青年科技节起航训练营优秀营员。大二开始修读武汉大学法学双学位，曾参与撰写、翻译 SCI 与 SSCI 期刊论文各一篇。曾任经济管理学院工商管理专业本科生党支部书记。已保研至上海交通大学能源经济学方向。

兴趣＋适合＝成功的开始

王路进入大学时的英语基础并不牢固，但他通过不断的努力，在全国大学英语四级、六级考试中取得了优异的成绩。全国大学英语六级考试对考生的词汇量要求很高，平时要积累单词，提前准备，多做题，打好英语基础对于阅读英语文献，翻译论文都大有裨益。闲暇时他会看一些英剧和美剧，和自己的好友做一些交流模拟来提高自己的英语水平。

大二时，王路修读了武汉大学的法学专业作为自己的第二专业。一方面武汉大学的法学专业历史悠久，该专业可以锻炼他的思辨能力，拓宽他的知识视野；另一方面法学所涉及的经济法、税法等知识也和他的第一专业十分契合。对于第二专业如何选择的问题，他认为应遵循自己的兴趣，选择一个可以弥补第一专业的限制、增强就业竞争力的专业。切不可盲目跟风，最后得不偿失。

有限的自律，适当的放松

好态度比好方法更为重要。开学前王路会大致地规划新学期的学习生活，每天列出待办事项并关注每日计划的完成度。他说："人的自律是有限的，要学会劳逸结合。"人不是"永动机"，如果没有办法始终做到高度自律，那就选择适当放松一下，用短暂的休息换取更好的状态。

学习之余，王路的生活同样多姿多彩。学习累了，听听音乐、去泳池里游上两圈、拾起背包到处走走看看，回来又满血复活、充满干劲。王路在大二暑假时还参加了暑期支教活动，他说自己从上大学开始就有支教的计划，最终付诸实施。在那个的遥远村落，星空澄澈，民风淳朴，让他见识到了象牙塔外的另一个世界，开阔了视野的同时也锻炼了自己。

根深树不折，泉深水不竭

王路坦言自己刚开始做科研的时候过于浮躁，为了写论文而去完成科研任务，因此并没有太多收获。他说太过于浮躁，目的性太强是做不好科研的。后来在阅读大量文献，参加多次组会后他才找到了自己的兴趣点——能源与经济相交融的领域。在导师的帮助下，王路开始从事此方面的研究。最后经过一年多的撰写，十多版的修改，王路以第一作者身份撰写的论文《基于消费的PM2.5的空间抑制性分析》终于成熟。

从事科研工作也要一步步从小项目做起，王路建议低年级的学弟、学妹可以多参加基础科研项目，多读学术文献，积累科研经验。从事科研工作要坐得住"冷板凳"，甘心用时间换研究成果，多参加组会，多和学长、学姐沟通交流。在交流的过程找到自己的兴趣点和研究的大方向。发表论文从来不是一个人的单打独斗，它离不开导师的指导和学长、学姐的帮助。

三年磨一剑，点滴见成效

王路在大学中的学分绩点并非一直名列前茅，也有过上下浮动，但最终趋于稳定。经过三年的努力，王路成功获得了保研名额。参加保研夏令营时，王路积极和学长学姐交流，认真撰写参营论文。面试前，王路和同学多次模拟面试场景，避免突发情况的发生，希望在面试中展现自己最好的一面。最终王路拿到了包括上海交通大学、大连理工大学、西安交通大学等高校在内的 9 封录取通知书。

　　保研成功主要归功于他充足的准备。他认为如果觉得自己不够优秀，那就提前开始准备。在面对一些重要的面试、答辩时他也会紧张，但充足的准备让他形成肌肉记忆，能更加灵活自如地面对突发情况，也正是这个习惯让他一路过五关斩六将。面对未来，王路表示自己打算在读研期间再确定最终的读博方向。"青春须早为，岂能长少年"，无限未知的美景还在等着他去探索。

=适合自己的才是最好的=
——记数学与物理学院 2017 级本科生袁振宇

袁振宇，数学与物理学院信息与计算科学 2017 级本科生。学分绩点 4.19，专业排名第一，多门专业课程满分。荣获国家奖学金。入选中国地质大学（武汉）第十二期"李四光计划"，2017 年入选英语 ESS 培养计划，多次参加国家竞赛并获奖。已保研至北京大学汇丰商学院。

◆ 袁振宇

兴趣为经，毅力为纬

大学课程任务繁重，袁振宇却可以从容应对，用漂亮的成绩单证明自己的学习能力与个人价值。其实，他的成长也经历了一个蜕变的过程。初入大学，面对陌生而复杂的知识体系，袁振宇说："首先应大体地选择道路，随着学习的逐步深入，知识面会不断拓展，兴趣与目标就会逐步缩小与明晰。"

成长的过程并非一帆风顺，可他恰恰是在不断的试错和不断的自我完善中超越自我。这些经历已成为他弥足珍贵的收获与记忆。不好高骛远，不盲目跟从，"适合自己的才是最好的"。有兴趣才有创造，有坚持方能成功。面对繁多的专业课程，信心与坚持是他的制胜法宝，勤于思考总结、掌握适当的方法，则事半功倍。"拿数学来说，弄清楚定理证明过程，做到心中有数，及时复习,多看课本。"以兴趣为经,以毅力为纬,以恰当的方法编织,袁振宇书写了属于自己的美好青春,取得了多门专业课程满分、学分绩点4.19(专业排名第一)等优异成绩。

志存高远,博闻强识

进入大学之后,个人的自主学习能力面临考验,只有树立明确的目标,才能有持续的学习动力。对于大学的每门课程,袁振宇都能做到心中有数,尽早做好规划,但是这种规划并非一成不变,而是会根据具体的学习情况做出不断的调整,规划其实是一个动态的过程。他会关注往届学生的毕业去向、关心相关专业的发展前景;他非常珍惜去企业实习的机会,虚心请教,自主探索,积累实践经验;他还会抓住机会主动与老师交流,从老师那里获取宝贵的指点与灵感。

对于英语学习,袁振宇从未放松,更没有盲目地陷入"大一是英语巅峰"的话语圈套,而是根据个人情况树立远大理想。他并没有仅仅满足于通过全国大学英语四级、六级考试,而是要超越课程的局限。大一、大二期间,他养成了每天记单词的好习惯,经过不懈坚持,词汇积累呈线性增长,同时,英语能力亦在长期的磨炼中获得了长足的进步。对于雅思,他主要依靠自学,有问题就及时向老师寻求帮助,经过老师的指点,他的写作能力迅速提升。最终,取得了雅思7.0分的成绩。

科研竞赛,磨炼心智

大学为学生提供了丰富广阔的发展平台,袁振宇结合自己的专业兴趣,积极参与到各级各类的竞赛与科研中。他认真准备,全心投入,在各类比赛中一展身手,在科研项目中崭露头角。袁振宇淡化功利心,保持平常心,根据自己的兴趣大胆取舍。

他还充分认识到团队意识的重要性,独木不成林,任何一个课题的完成都离不开一个优秀的团队。为了比赛,团队成员曾有过分歧和不愉快,但经过磨合与调整,大家树立共同的目标,克服困难,一心一意投入竞赛中。当拿到奖项时，曾经的争执早就烟消云散，心中留存的永远是那些与队友朝夕相处、集思广益的时光和那些灵光乍现的刹那。大学中这些难得的科研经历，能够让袁振宇学到的理论知识有了真正实践的阵地，也把他的心智磨炼得更为坚毅、沉稳。

善始善终，善作善成

凡事预则立，不预则废。袁振宇始终把专业学习作为重中之重，最终他获得了研究生推免资格。谈及保研经历时，他强调要善打"信息战"。大三伊始，他便着手准备，通过各种渠道确定理想学校、了解相关信息，做好前期规划。有了优异的专业成绩作为支撑，加上对信息的整合与全面掌握，保研自然水到渠成。

袁振宇本科期间就读于数学与物理学院，保研至以金融、计算机和数学的多学科交叉融合见长的北京大学汇丰商学院。他对相关学科和自己的长处、短板都有着充足了解和清晰认知，并且对今后努力的方向也比较明确。他直言，当前存在的问题之一便是数学语言转化为机器语言颇有难度，所以在今后的学习与科研生活中一定会有所侧重，取长补短。

=坚守初衷　为梦奔赴=
——记李四光学院遥感科学与技术专业 2017 级本科生胡泊

胡泊，李四光学院遥感科学与技术专业地球科学菁英班 2017 级本科生。她活跃于各类学生活动中，微笑着应对一切。她不仅在学习上取得了傲人的成绩，还在学生会得到了成长与收获，更是成功保研至中国科学院大学。从不以名次为目标的她，学分绩点却年年高于 3.5，她是如何做到的，你，难道不好奇么？

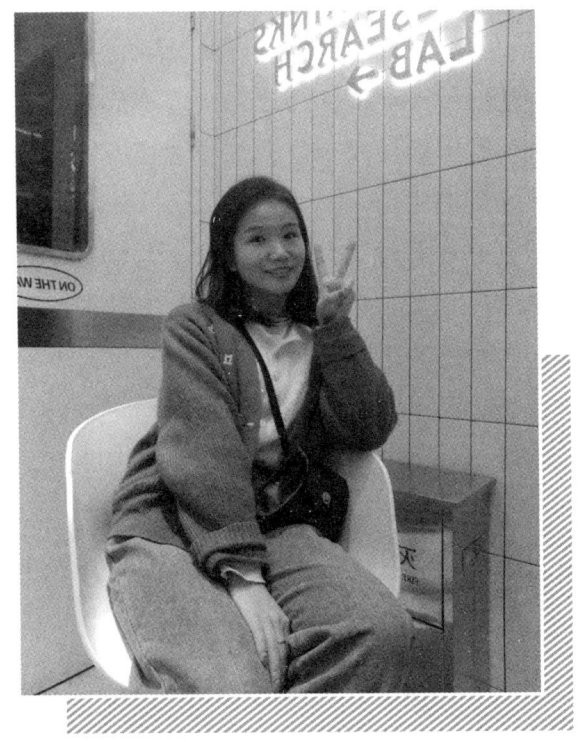

◆ 胡泊

修读双学位，弥补高考遗憾

胡泊说："当时填志愿时，曾因自身兴趣考虑过选择经济学的专业，但是最后因多种原因选择了遥感科学与技术专业，所以修读中南财经政法大学经济学双学位也算圆了自己从前的一个梦。况且周末如果不出去学习充电，多半就选择在宿舍碌碌一日了，那倒不如去别的大学看看其他学生在干些什么，顺便学点知识。"

从事科研，自主学习提高

至于科研，这又是胡泊一个说不完的话题。"参与科研活动对我来说更多的应该是环境使然，因为所处学院学术氛围浓厚，会积极主动地参与科研方面的活动。"并且，也是在一次又一次的科研活动中，她更加理解了那句耳熟能详的"纸上得来终觉浅，绝知此事要躬行"。每一次参加科研工作的经历，于她亦不失为一次倒逼自己学习的机会，如何将课堂所得具体化地应用到问题的分析和解决中，是她一次又一次探索的问题。

科研是一个不断克服困难的过程，难免会遇到一些瓶颈。在科研工作过程中，论文不断被打回，这是一件很容易令人崩溃的事情。她说："其实老师让我修改是为了我好，老师没有刻意地为难我，大概是我的论文真的有很多不足吧。"这样精益求精、善于反思的她，最终取得了优秀的科研成果。在科研团队中，会有摩擦，有矛盾，但经过一段时间的磨合，团队成员相互熟悉与了解，配合更加默契。

一直在路上，从部长到主席

作为学生，胡泊将自己的生活管理得井井有条；作为学生干部，她也带领着李四光学院的同学们向着更好的明天不断迈进。总而言之，这个宝藏女孩一直在奋斗的路上。

多数人眼中的学生工作多半与"压力""忙碌""冲突"挂钩，但胡泊却能让她的学生工作与学习生活"和平共处"。"我觉得学生工作对我而言压力并不大，一方面因为李四光学院学生人数不多，凝聚力较强；另一方面我个人比较热衷于张罗事儿，学生工作也可以算作是我的兴趣爱好吧。"

至于实在无法避免的工作或是学习与工作发生冲突，胡泊习惯采用优先级排序的做法，静下来先完成心目中更为重要和紧急的事。"在我最忙碌的那段时间我会选择用一个计划本记录我的 to do list（待办事项列表），这样可以有效地帮助我落实自己的计划，同时我也会在出门之前带齐必需品，节省来回奔波的时间。"很多时候，心态与方法都是帮助我们更好地处理问题的关键工具，宝藏女孩胡泊的时间管理方法你学到了吗？

以志愿之名，行志愿之事

参与志愿活动是一件浪漫的事，因为它能让一个人的光照亮身边的人，能让一个人的温暖以指数级的形式扩大。参与志愿活动也是胡泊生活的重要部分，她曾说："我喜欢融入志愿活动时的喜悦感，比如当初参与逸夫博物馆的志愿讲解，当我看到懵懂可爱的小朋友在听了我的讲解后学到了知识，这种成就感是无可比拟的。"胡泊还以志愿者的身份参与了第七届世界军人运动会，工作或许琐碎、繁杂，或许不那么生动有趣，但因为被需要，因为有价值，她一直在努力。

也许未来无法被"遥感"，太多的人生价值无法被量化，但以志愿之名，行志愿之事，以纯净之心赴当下之约，方能于己无愧，于人有光。卸去极强的目的意识，拒绝过重的功利心，潇洒不羁地跟随自己的内心做选择，并于每一次决定后认真对待，全力以赴，这就是胡泊，一个永远闪闪发光的宝藏女孩。纵然所梦隔山海，山海亦可越。

═ 心怀浩瀚　逐光而行 ═
——记公共管理学院 2017 级本科生何子耕

何子耕，公共管理学院 2017 级公共事业管理专业 2017 级本科生。平均学分绩点 4.04，位列专业第一。荣获国家奖学金、中国地质大学（武汉）英才奖学金校长奖学金。获得公共管理学院"新生杯"辩论赛亚军及最佳辩手，公管学院"新生杯主持人赛"第一名。获中国地质大学（武汉）"抗击新冠疫情先进个人"荣誉称号。担任公共管理学院学生会主席，17G204 班助理班主任，173172 团支部书记。已推免至厦门大学教育研究院攻读硕士研究生。

深耕书田，静待美好

初心不改，凤凰花开。无论是在由武汉大学联合华中八校举办的"新时代国家治理人才精英挑战赛"等竞赛活动中的优异表现，还是科研论文的成功发表，何子耕都取得了不俗的成绩。他说：从初高中的应试教育到大学的自主学习，科研是大学生成长路上重要环节，是培养学习素养和锻炼学习能力的重要一步，做好科研可以为今后保研和出国留学打下良好的基础。

何子耕虽已推免至厦门大学教育研究院攻读硕士研究生，但他仍然跟随导师潜心科研工作，扎根学术，力争在科研工作中有所建树并在服务和奉献中实现自身价值。在学习方法方面，他也提出了几点建议：首先要保持对于学习的热情和敬畏，不可因为大学相对自由的环境降低对自己的要求。在此基础上，尤其要抓住课堂学习的时间，除了各专业的必修课外，他想特别提醒同学们平时要注意思政课的学习，以免出现期末闭卷考试时束手无策的情况。其实每本书的重点都渗透在老师的每一节课中，只有每堂课都认真听讲，做好笔记，才能在期末复习时做到"手中有书心不慌"。

对于有保研想法的同学，务必从大一起就要全力以赴地对待每一门课程，保研的路绝对不是一帆风顺的，但当你最终获得成功，回头再看时，一定会有别样的收获和成就感。最后，针对各专业不同的学习情况，可多向学长学姐请教，如老师的考核方式、授课风格等，他们会给予很多帮助。

党员，荣耀亦是担当

庚子伊始，荆楚大地，伴着新年钟声的却是新型冠状病毒感染疫情。似墨苍穹，月朗星稀，洒在万街空巷的月光，无往昔的温纯美好，却尽拥空荡孤寂。

战"疫"路上，身为党员的他用实际行动诠释了使命和担当，助力全面打赢新型冠状病毒感染疫情阻击战。2020年新型冠状病毒感染疫情肆虐，湖北是全国重灾区。在看到社区号召党员报名参与社区志愿服务活动的消息后，作为一名党员，深深的使命感和责任感涌上他的心头，使他萌生了报名的想法。在和父母商量后，他得到了父母的理解与支持。何子耕这样回忆："当时确实挺害怕的，一扇门打开后，你不知道这扇门背后会不会有病毒。"

看到熬夜工作至凌晨两三点的社区党支部书记、日行三万步的环卫工人等后，他不禁感慨："当我们享受和谐与宁静时，却不知这一切都是因为有人在背后默默付出。"抗疫志愿者做着在旁人看来危险又单调的工作，在他们自己眼中却早就习以为常。

基于这次疫情，何子耕也谈到自己对未来的展望："不管我做什么事情，我一定要做一个对他人有益，能为社会作出贡献。这也是我现在践行的"。平凡造就伟大，他的无私奉献也点亮了许多人的心。

热爱，以坚持为韵脚

在公共管理学院学生会竞选的拉票环节，何子耕对集体和个人都许下了承诺：带领公共管理学院学生会赢得标兵学生会的称号；大三结束时保研到梦想学府厦门大学。有压力才有动力，为了履行这两项承诺，他将时间运用到了极致，把大三当作高三来过，在办公室度过的那些夜晚，是他履行承诺的见证。

当谈到学习与学生工作的关系时,他认为如果想同时完美地完成两项任务,可能会面临压力的叠加,但其实压力会促进学习和工作效率的提高。学习和工作的同时也要注意劳逸结合。流水在碰到底处时才会释放活力,探索的过程正是帮助我们走向成功的垫脚石。最终,那条他为之努力了四年的路,终于画上了圆满的句号。

大学的生活虽然繁忙,但何子耕依旧拥有自己的兴趣爱好:主持和运动。校元旦晚会、迎新晚会等各种活动都能见到他帅气的身影,参与主持活动他结识了不少志同道合的朋友,这也为他的大学生活留下美好的回忆。

青春阳光的他手握国家级证书——健身教练国家职业资格证书。公共管理学院"一二·九"长跑第一名、校运动会5000米第八名也是他热爱运动的见证。2018年暑假,他独自一人完成了从武汉到十堰的骑行,历时4天约500千米,途经孝感、随州、襄阳等几个城市。一路骑行,一路思考,将生命释放于大地长天,远山沧海。

百尺竿头需进步　十方世界是全身
——记经济管理学院 2017 级本科生张子琛

张子琛，中共党员，经济管理学院工程管理专业 2017 级本科生。平均学分绩点 3.96。荣获国家奖学金。担任班级学习委员，经济管理学院党建办公室督导部副部长。获评校级优秀学习标兵。获得第十一届全国高等院校学生"斯维尔杯"BIM-CIM 创新大赛二等奖、湖北省翻译大赛一等奖、第六届全国大学生能源经济学术创意大赛三等奖。以第一作者、第二作者和第三作者各发表一篇论文。已保研至北京理工大学。

抓住特色，从思想到行动武装自己

张子琛说工程管理专业是"软土木"专业，既包含一些土木专业的知识，又有管理学的加持。比起纯土木专业的同学更具有人文管理的优势，更加灵活。每个专业都有自己的特色，要善于抓住特色。读万卷书不如行万里路。对于工程管理专业，张子琛表示实习很重要，同学们可以利用寒暑假多参与实习，锻炼把控现场的能力。

日常学习中，当张子琛遇到不会的题目，一般会先在书本中找出对应知识点的定义，从根源上理解并内化为自己的知识。她认为学习要多积累，如英语学习就要多听多练多刷题。对于一些难度大的专业课，就更要做好准备，多阅读专业类书籍，提前预习。张子琛还会利用"番茄时钟"工作法的思想，通过仪式化和切片化的时间管理方式，排除干扰，快速进入高效的工作状态。但她也表示不能太过依赖软件，要学会不依赖外物的自我控制。

向阳而生，逐光而行

张子琛大一时就进入经济管理学院党建办公室协助老师工作，工作期间她了解了很多关于党的知识，并递交了入党申请书。新型冠状病毒感染疫情期间，她主动参与志愿者活动，当她看到党员同学积极行动，奋战在抗疫一线时，瞬间明白了党员的真正内涵在于奉献，在党和组织需要时积极地站出来，尽自己的一份力。她也会留意其他支部的一些发展特色，并结合本专业支部的情况，吸取他人经验，取长补短。她的奉献精神同样延伸到了班委工作中，在担任班级学习委员期间，她认真负责，积极协调老师和同学的关系，不断成长、突破自我。

闲暇之余，张子琛是个喜欢骑行和看电影的姑娘。追着清风，踏着晨光，在东湖绿道来一场畅快淋漓的骑行，累了躲进一片绿荫，看看近处波光粼粼的湖面和远处被惊起的点点飞鸟，这就是张子琛骑行的乐趣。她还十分骄傲地说自己曾从老校区骑到未来城，20多千米的距离在热爱面前大约也只是一串简单的数字罢了。谈及骑行她的言语中总是充斥着对生活的热爱，运动不但能强健我们的体魄，也让我们热爱每一个平凡的瞬间。

主动出击，不辜负每一份努力

张子琛经常向老师请教，学习了很多论文撰写方面的知识。她坦言在这个过程中她的论文写作能力得到了明显的提升，思维变得更加缜密，检索能力也明显加强，知道如何更快地得到自己想要的信息。对于低年级想参与科研项目的同学，张子琛建议可以从一些基础项目入手，如经济管理学院的学术领航活动，或者校级的大学生基础科研训练计划项目，后期还可参与全国大学生创新创业大赛等。

面对参赛带来的焦虑和紧张，张子琛积极让自己行动起来，行动越多焦虑自然就越少。在参加数学建模竞赛时，她遇到了一些困难，但她耐心细致地从互联网查找资料，四处请教，最终克服了一个个困难。在比赛的过程中选择合适的队友同样重要，她与队友的融洽相处也是她取得数学建模竞赛好成绩的基础。每当自己完成一项比赛并取得理想成绩时,她总是格外感谢当初那个努力的自己。少年人理当如此拼搏奋斗,主动出击,不辜负每一份努力。

摸清流程,闯出一片天地

谈及保研面试,张子琛也有一些自己独到的经验。她介绍道,每年四至五月各学校会在官网发布夏令营通知,同学们可以根据学校要求发送相关证明,审核通过后参加面试,面试成功就能拿到录取通知书。八至九月时,各学校会发布预推免通知,和夏令营的流程相似,同学们投递证明后,等待面试通知,面试如果成功就会收到学校的录取通知书。她还特别强调,有的学校只有夏令营,有的学校只有预推免,而有的学校两者兼备。所以一些准备保研面试的同学要实时关注心仪学校的官网,避免错过消息。

张子琛还建议获得面试机会的同学要把握好联系导师的时间点,想好是面试前联系导师,还是面试后再联系。有的学校学生面试没有通过,但导师有决定权录用该同学,有的学校导师没有决定权,所以联系导师的时间点有可能会影响同学们的最终面试结果。因此,应提前多了解各学样的相关招生政策,积极沟通,把握好机会。

虽然张子琛已经获得了北京理工大学的录取通知书,但她还是积极参与实习工作。她表示今后无论是继续深造还是工作,实习都是踏入社会前最重要的实践活动。对于如何找到一份心仪的实习工作,她提到可以利用身边资源,如在"实习僧"校园招聘APP上挑选心仪的实习岗位并投递简历。

不爱钓鱼的摄影者
不是好的电子设计人
——记自动化学院 2017 级本科生柯帅

柯帅，自动化学院自动化专业 2017 级本科生。平均学分绩点 3.79。获评校级优秀学生标兵、校级优秀共青团员、校级优秀共青团干部。获得第十三届全国大学生"恩智浦杯"智能汽车竞赛全国一等奖、全国大学生电子设计竞赛湖北省三等奖、中国地质大学（武汉）第二十九届学生科技论文报告会（本科生专场）特等奖第一名、中国地质大学（武汉）第十六届机器人大赛创意组一等奖第一名等并累计在学术期刊上发表论文 5 篇，授权、受理中国家专利 15 项（其中发明专利 7 项）。成功入选中国地质大学（武汉）第十二期"李四光计划"并担任班长一职，同时还承担了 231174 班学习委员的工作。

◆ 柯帅

光鲜的履历下，柯帅可以算得上是学院的风云人物，他用更好的作品、更高的标准不断证明自己在专业上的优秀，与此同时，他也在不折不扣地成为"斜杠青年"的路上不断前进。一路走来，柯帅以兴趣为导向不断拓展自身能力，坚持把那句"不爱钓鱼的摄影者不是好的电子设计人"贯彻到底。

从航模到电子设计

似乎自从乾隆帝在贡院题下"莫教冰鉴负初心"的字样后,"初心"就成了了解一个人不得不谈的话题,既然如此,关于柯帅,我们也从他的初心开始讲起。

"我接触电子设计还是在比较早的时候,那个时候接触最多的就是航模,在不断接触的过程中我会发现其实飞机还有很多值得改进的地方,于是就会自己动手去做一些东西。"将最初的兴趣悄悄地种在实践的田埂中,而后不断了解探索为兴趣之萌芽汲取养分,也许这便是小有成绩的他锦囊中的秘籍之一。

从萌生兴趣开始,电子设计就与柯帅的生活与选择息息相关,也正是对电子设计的不懈追求,最终连起了他与地大的四年之缘。

"在选择大学的时候,我非常认真地了解各个学校有关电子设计和制作方面的师资以及设备资源,最终我选择了地大。"

谈起地大与自动化,这似乎又成了柯帅怎么也说不尽的话题。于他而言,无论是来自师长的帮助,或是学校给予科研项目的资金支持,都是他在追求电子设计梦的过程中不可或缺的重要助力。人生是一个宏大的命题,但其中决定性的选择却很少。柯帅在人生的前十年埋下了兴趣之根,而在十年后同样灿烂的春光里,我们似乎可以看见一棵小树正生长着,迎风而立。

但单单以兴趣出发而后回归兴趣,这对柯帅而言是不够的,怎样将电子制作更好地应用到人们的日常生活之中,怎样以电子设计为切口让科技更好地服务于社会,并且应用于环境的改善,也是他一直在思考的问题。

一个会学习的"玩家"

提及学习和休闲,也许柯帅可以算得上是一个"平平无奇"的会学习的"玩家"。

关于学习,"在课堂上,提高效率、保持专注"这一"永恒的经典"也是柯帅的秘诀之一。用一段时间的专注换来更快速地吸收必须掌握的知识,并且更轻松地将知识应用到解题及实践中，何乐而不为？

"在大一大二学习基础课的关键时期，务必要打牢基础，这样才能为大三大四更好地蓄力，同时这也是提升学分绩点最好的时机。"

至于"玩家"，这也是评价柯帅必不可少的部分。闲暇时，钓鱼是他寤寐以求的事情，他可以在河边守着鱼竿待一天，他会将钓起的小鱼放回河中，偶尔遇到"丰收时节"也会和三两室友亲自下厨饱餐一顿。除了钓鱼，摄影也是柯帅的心头好，阳光正好时背上相机去户外走走，记录自然，记录生活，记录美好。

探索＋兴趣＋学习＝学生工作

自柯帅进入中国地质大学（武汉）以来，他积极参与学生工作，除了凭借自身专业及兴趣担任侏罗纪电子制作协会社长，柯帅还凭借摄影的一技之长，加入宣传部并担任副部长，是工作也是爱好，他希望能找到更多志同道合的朋友。

柯帅说进入宣传部工作的另一个原因是其文案能力有所欠缺，希望在宣传部得到更多的锻炼，毕竟学生工作不仅可以丰富课余生活，更重要的是可以促进个人的成长。

柯帅笑着说："我的"探索＋兴趣＋学习＝学生工作"的秘诀公式，你get 到了吗？

在柯帅眼里，不论是学生工作抑或是各种学生活动，在学业允许的情况下都可以尽可能地参与，只有在不断尝试的过程中才能及时发现自己的"隐藏技能"，而后更好地确立未来工作和学习的方向。青春本就是尝试的过程，试对固然令人欣喜，试错又何尝不是一种财富？

=坚持方显刻苦　追逐始得梦圆=
——记外国语学院 2017 级本科生高雅

高雅，外国语学院 2017 级英语专业本科生。平均学分绩点 3.86，位列专业前五。荣获中国地质大学（武汉）英才奖学金院士奖学金、贝乐奖学金。获得"21 世纪杯"全国英语演讲比赛全国总决赛三等奖、湖北省决赛冠军，"外研社杯"全国英语演讲大赛湖北省一等奖，全国口译大赛南部赛区三等奖、湖北省二等奖，湖北省翻译大赛口译决赛二等奖，第二届"儒易杯"中华文化国际翻译大赛笔译三等奖、口译三等奖，第四届普译奖全国大学生翻译比赛三等奖。荣获校级优秀学生、校级优秀共青团员、社团十佳社长等称号，并拥有英语高级口译证书。已推免至北京外国语大学英语口译专业攻读硕士研究生。

爱好＋实践：成功秘诀

"我学习英语比较早，小学时就对演讲产生了浓厚的兴趣。"高雅这样说道。她小学就曾参加过 CCTV"希望之星"英语演讲比赛，并取得了省季军和全国百强的好成绩。在第一次尝试获得成功后，初中、高中一有机会她就报名参加各种演讲比赛。她认为演讲训练时不要害怕说错，要敢于说并逐步提高演讲的逻辑性和条理性。不仅如此，高雅还会对着镜子模拟练习以纠正仪态。为了提高自己随机应变的能力，她对社会热点问题也十分关注，同时也积累了大量的名言和事例，既丰富了人文素养，又满足了学习工作需要。

实际上，上台演讲对于很多人来说是比较容易紧张的，高雅笑着说："我特别理解那些害怕上台说话的同学，我个人认为这是由性格原因、上台少、准备不足、没话可说等多种原因造成的。但凡事都有第一次，只要鼓起勇气站在人前多开口练习几次之后，你就会发现这其实也没那么难。"

高雅也在学生工作中获得了很多的历练，英语协会会长的工作经历，不仅锻炼了她的英语能力、组织能力和统筹安排能力，还扩大了朋友圈，认识了很多热爱英语的校友。虽然学生工作会比较繁忙，但她制订了严格的时间表，严格厘清学习与工作的关系，"其实有了科学的时间规划就能很快完成当天的任务，学习工作两不误"。

除了英语演讲与辩论，高雅还喜欢弹钢琴、弹吉他等。她说："当我认定某件事自己能做好时，就会更加努力地去做，收到良好的反馈后我可能会更喜欢做这件事，因为我能从中获得成就感，这是一个正向的循环。"

目光坚定，一心向阳

初入大学校园之时，高雅就确立读研的目标——北京外国语大学。大二时一场关于保研相关政策的讲座，让她保研的目标更坚定，为了保证自己的成绩排名稳定在前列，她拼尽全力，节假日大家纷纷外出游玩的时候，她不受干扰，专心在学校学习并积极参加各类比赛。"自己付出的艰辛和汗水应该是会比其他同学多一些吧，但是我觉得都是值得的，因为最后能实现自己的目标，还是挺充实的。"

当谈到当今大学生内卷的现象时，高雅也给出了自己的看法，每个人都是内卷的当事人，也是内卷的受害人。"卷是一种不可避免的趋势，因为大家都在追求更高的目标，一旦有更优秀的人出现，行业基本标准就会提高，大家便会去再竞争，造成恶性循环。这并不是一个好的现象，但是我们每个人在抱怨它的同时，又参与在其中。"高雅呼吁大家要理性看待社会内卷问题。

三年磨一剑，十年露锋芒

一路走来，磕磕绊绊是难免的，高雅也是如此。她曾在法语学习中遇到困难，甚至因为法语拉低了绩点。但是她并没有坐以待毙，她利用周末休息的时间找网课、看视频，最终成功地提升了自己的法语成绩。

作为英语专业的学生，她也给出了自己学习英语的经验。她建议非英语专业学生利用碎片化时间学习英语，如去上课的路上听听 BBC，也可以在空闲时用背单词的软件刷单词。手机上有各种各样的 APP 可以辅助大家学习英语，没必要挤出很多时间，利用边角料时间就能起到很好的效果。

在申请保研学校时，她采取了类似于填报高考志愿的方法——冲、稳、保。在参加保研夏令营考试前，她把专业课都复习了一遍，学习了往年的经验贴并提前预设考官可能问到的问题。高雅为夏令营考试做了充足的准备，最终拿到了 8 个院校的录取通知书。

展望未来，高雅表示很期待在北京外国语大学的学习生活，同时也会加倍努力。结合自己的专业需要，多加实践，多在相关实习和志愿工作中历练。

大学生活不应是千篇一律的，每个人都能用自己的方式活出属于自己的四年时光。但无论你选择哪一条道路，请一定要尽早制订好目标，并长期坚持下去，切勿踟蹰不前，荒废光阴。短期的失败不是最终的结果，乾坤未定，你我皆是黑马。只要心中有信念，自有明灯照亮你的前路！